ENTERRAR OS MORTOS

Ignacio Martínez de Pisón

ENTERRAR OS MORTOS

Tradução de
SILVIA DE SOUZA COSTA

EDITORA RECORD
RIO DE JANEIRO • SÃO PAULO
2006

CIP-Brasil. Catalogação-na-fonte
Sindicato Nacional dos Editores de Livros, RJ.

Martínez de Pisón, Ignacio, 1960-
M337e Enterrar os mortos / Ignacio Martínez de Pisón; tradução Silvia de Souza Costa. – Rio de Janeiro: Record, 2006.
il.;

Tradução de: Enterrar a los muertos
ISBN 85-01-07348-2

1. Dos Passos, John, 1896-1970. 2. Robles Pazos, José, -1937 – Assassinato. 3. Dos Passos, John, 1896-1970 – Amigos e companheiros. 4. Robles Pazos, José, -1937 – Amigos e companheiros. 5. Literatura americana – Traduções para o espanhol – História e crítica. 6. Tradução e interpretação – Espanha – História e crítica – Século XX. I. Título.

CDD – 818
06-0690 CDU – 821.111(73)-8

Título original em espanhol:
ENTERRAR A LOS MUERTOS

Direitos exclusivos de publicação em língua portuguesa para o Brasil adquiridos pela
EDITORA RECORD LTDA.
Rua Argentina 171 – Rio de Janeiro, RJ – 20921-380 – Tel.: 2585-2000
que se reserva a propriedade literária desta tradução

Impresso no Brasil

ISBN 85-01-07348-2

PEDIDOS PELO REEMBOLSO POSTAL
Caixa Postal 23.052
Rio de Janeiro, RJ – 20922-970

Sumário

Lista de siglas

CNT	Confederação Nacional dos Trabalhadores, de orientação anarquista, que tinha como núcleo principal a Catalunha
Comintern	Abreviatura inglesa para Internacional Comunista ou III Internacional
GPU	Outra sigla usada para designar a NKVD (comunista)
GRU	Serviço de inteligência militar soviético
ICE	Izquierda Comunista Española (Esquerda Comunista Espanhola), partido de origem trotskista, que posteriormente rompeu com Trotski e, em 1935, aderiu ao POUM
JSU	Juventudes Socialistas Unificadas, controladas de fato pelos comunistas
NKVD	Polícia secreta soviética
PCE	Partido Comunista Espanhol
PSOE	Partido Socialista Operário Espanhol
POUM	Partido Operário de Unificação Marxista, que surgiu da união da Esquerda Comunista Espanhola (ICE) com o Bloco Operário e Camponês
SIM	Serviço de Investigação Militar
UGT	União Geral dos Trabalhadores (socialista)

Prefácio à edição brasileira

*Silvia de Souza Costa**

Entre as causas da derrota das forças republicanas na Guerra Civil espanhola e dos sonhos de tantos espanhóis e estrangeiros que dela participaram está, seguramente — como em tantos outros episódios históricos e mais recentes —, a divisão interna dos que se opunham aos nacionalistas comandados pelo general Francisco Franco.

A guerra começou com a rebelião de militares contra o governo republicano. A deposição do rei Afonso XIII e a proclamação da República, em 1931, não haviam sido suficientes para conter a insatisfação popular produzida pela crise econômica de 1929.

Em fevereiro de 1936, a Frente Popular (aliança entre republicanos, socialistas e comunistas) venceu as eleições, acirrando o descontentamento das oligarquias econômicas, que decidiram recorrer ao Exército para recuperar o poder. Em julho, após uma fracassada tentativa de golpe, os militares, liderados por Franco, insurgiram-se na guarnição de Melilla, no Marrocos espanhol.

Inconformada, a população se armou para defender o gover-

*Silvia de Souza Costa é jornalista e tradutora. Especialista em assuntos internacionais, esteve na Espanha após a morte de Franco, tendo acompanhado de perto a transição e o renascimento espanhóis, temas de suas reportagens publicadas no *Jornal do Brasil* na década de 1980.

no eleito. Uma peculiaridade, aliás, da Guerra Civil espanhola foi o fato de ter unido vários grupos civis para defender um ideal republicano de nação. Deles participavam pessoas de diversas faixas etárias, profissões e, até mesmo, ideologias.

O desfecho do conflito, entretanto, seria determinado pela evolução política das "duas Espanhas" (como disse Antonio Machado) em confronto. Em ambas, nos primeiros meses, prevaleceram a desorganização geral e a multiplicidade de poderes autônomos.

Mas, enquanto os nacionalistas iam se unindo em torno de Franco, os republicanos se dividiam entre os que queriam ganhar a guerra e preservar a República (grupo liderado pelo PCE — Partido Comunista Espanhol —, apoiado por Moscou, e pelo PSOE — Partido Socialista Operário Espanhol) e os que pretendiam fazer a revolução e pôr fim à República burguesa (grupo controlado pela CNT — Confederação Nacional do Trabalho —, de tendência anarcossindicalista, e pelo POUM — Partido Operário de Unificação Marxista —, fruto da aliança da Esquerda Comunista, de origem trotskista, com o Bloco Operário e Camponês; ambos dissidências do PCE, devido aos métodos repressivos de Stalin).

Essa divisão interna das forças republicanas não representou, entretanto, uma facilidade para os nacionalistas. Diante da perspectiva de enfrentar um longo conflito, os franquistas buscaram (e conseguiram) apoio das potências fascistas da época: Alemanha, desde 1933 governada por Adolf Hitler, e Itália, comandada por Benito Mussolini desde 1925. Portugal, sob a ditadura de Antonio Salazar, e Irlanda, de maioria católica e por oposição a Londres (pois foi integrada à força ao Reino Unido de 1801 a 1922), também estiveram ao lado dos militares desde o início.

As potências democráticas européias, por sua vez, se esquivaram de um posicionamento em favor dos republicanos. Uma versão afirma que tentavam evitar um confronto com a Alemanha;

outra, que preferiam realmente a vitória dos insurgentes, apoiados pela Igreja católica. A França, que também era governada por uma Frente Popular, ensaiou uma tímida ajuda à República, mas acabou se submetendo ao comando do Reino Unido e decidiu suspendê-la.

O único país comunista da Europa naquela altura, a União Soviética, foi também a única fonte de ajuda externa aos republicanos espanhóis. Organizou as heróicas Brigadas Internacionais, que reuniram voluntários de mais de cinqüenta países, entre eles os EUA (no que seria a única participação de comunistas norte-americanos em um conflito). Enviou recursos financeiros, destinados exclusivamente aos comunistas espanhóis, e conselheiros militares, treinados pelo regime totalitário instituído por Stalin a partir de 1924, que prendeu e executou milhares de cidadãos soviéticos, além de deportar outros tantos para campos de trabalhos forçados na Sibéria.

A mesma política de extermínio de opositores foi posta em prática pelos agentes soviéticos na Espanha, mas o alvo não era o franquismo e sim a CNT e o POUM. Entre os que sobreviveram ao terror stalinista desses tempos e que integravam as forças republicanas estavam, entre outros, o escritor britânico George Orwell, que relatou a experiência em *Homenagem à Catalunha*, e o futuro chefe de governo social-democrata alemão, Willy Brandt. Quase vinte anos depois, Orwell lançou *A revolução dos bichos*, em que denuncia a traição dos ideais da Revolução Russa.

É principalmente dessa política de eliminação sumária de aliados/rivais e de suas obscuras motivações que Ignacio Martínez de Pisón trata neste livro. Através da reconstituição da amizade de mais de duas décadas entre o romancista norte-americano John Dos Passos e o professor, tradutor e ilustrador espanhol José (Pepe) Robles Pazos, o autor mostra a trajetória de um ardoroso republicano e os porões de uma guerra suja entre supostos companheiros. Detido pelos agentes secretos soviéticos — aos quais prestava serviços como tradutor — por motivos nunca totalmente esclarecidos, desapareceu para sempre, após peregrinar por alguns cárceres.

Amigo da família Robles, Dos Passos passou a investigar o que havia acontecido com Pepe e acabou enfrentando uma "conspiração de silêncios e mentiras", que teria influência decisiva em seu pensamento político futuro e até mesmo em sua trajetória como escritor. No caminho, ficou também a amizade com Ernest Hemingway.

Depois de terem dividido o roteiro do documentário *Tierra española*, em que Dos Passos queria falar dos problemas cotidianos da Espanha em guerra e Hemingway pretendia refletir sobre a evolução da campanha militar, os dois romperam quando Dos Passos começou a apurar as circunstâncias da morte de Robles, um episódio que Hemingway considerava menor: afinal, aquilo era uma guerra, o que importava a vida de um homem?

Dos Passos odiava a guerra e sofria tanto por Robles quanto pela atitude de "quem considerava a guerra um esporte" (em clara alusão a Hemingway), como relatou Josephine Herbst, outra escritora norte-americana que era grande amiga de Dos Passos e conviveu com os dois nessa época, na Espanha.

Por trás do rompimento, havia ainda uma discussão entre dois repórteres: contar toda a verdade ou ocultá-la parcialmente, em nome da preservação da imagem dos republicanos no exterior? Mencionar as atrocidades dos agentes soviéticos contra anarquistas e trotskistas, apesar de todos integrarem igualmente as fileiras republicanas? Hemingway era a favor do silêncio; Dos Passos queria revelar tudo.

Considerada por alguns historiadores como um preâmbulo da Segunda Guerra Mundial, por ter colocado frente a frente as principais ideologias européias da época (fascismo, democracia liberal e diversos movimentos revolucionários: socialistas, comunistas, trotskistas e anarquistas), a Guerra Civil terminou em abril de 1939, com a vitória dos nacionalistas, que governaram com mão-de-ferro uma Espanha isolada e hostilizada pela comunidade internacional, até a morte de Franco, em 1975.

Cinco meses após o fim do conflito na Espanha, Hitler invadiu a Polônia, desencadeando a Segunda Guerra. O mapa da Europa e do mundo mudou, seis anos mais tarde, com a derrota do Eixo (Alemanha, Itália e Japão, que apoiavam o "Generalíssimo" Franco) e a vitória dos Aliados (França, Reino Unido, Estados Unidos, União Soviética e China).

Não é absurdo pensar que a evolução dos acontecimentos poderia ser diferente, caso o verdadeiro caráter do regime stalinista tivesse se tornado evidente ao longo da Guerra Civil espanhola, como queria Dos Passos. Embora tenham se passado setenta anos desde o levante dos militares em Melilla, nem todas as lições daqueles três anos de guerra entre as "duas Espanhas" parecem ter sido devidamente absorvidas.

Já com várias experiências de Executivo nas costas, em vários países do mundo, inclusive na própria Espanha — onde o PSOE de Felipe González chefiou o governo por 14 anos (1982-1996) e, em 2004, retomou a liderança política, pelas mãos de José Luis Zapatero —, as esquerdas, vez por outra, insistem na velha prática de esquecer o verdadeiro inimigo, ao se concentrar na eliminação de aliados/rivais, abrindo espaço, ainda a esta altura, para os segmentos mais conservadores.

A leitura deste livro contribui para o esclarecimento desses processos e pode ajudar a evitar sua repetição, encurtando o caminho da consolidação dos regimes democráticos, os únicos que, apesar de todos os problemas e todas as dificuldades, chegaram com vigor ao século XXI. O fascismo e os movimentos revolucionários que, quase cem anos atrás, também integravam a cena política passaram, cada um a seu modo, a fazer parte da história.

Nota do autor

Soube da existência de José Robles Pazos através de um livro do final dos anos 70 intitulado *John Dos Passos: Rocinante pierde el camino*. Partindo, sobretudo, de escritos do próprio romancista, seu autor, o argentino Héctor Baggio, recriava nele a relação de Dos Passos com a Espanha até o início da guerra civil, que tão determinante seria em sua vida e sua obra. O personagem de Robles era nesse livro uma figura um tanto imprecisa e secundária, e só seu desafortunado final acabou outorgando ao relato de sua amizade com Dos Passos uma transcendência inesperada. A curiosidade me levou a rastrear essa amizade em outras leituras. Procurava novos depoimentos e informações, que por sua vez conduziam a mais depoimentos e mais informações, e em algum momento tive a sensação de que eram elas que vinham a mim, que me procuravam. Nessa altura, a curiosidade inicial já havia se convertido em uma obsessão e, um certo dia, me vi reconstruindo a história desde o princípio, desde que Dos Passos e Robles se encontraram pela primeira vez, no inverno de 1916.

Capítulo 1

Àquela altura, Pepe Robles tinha 19 anos e estudava Filosofia e Letras na Universidade de Madri. Embora nascido em Santiago de Compostela, havia se criado na capital, onde seu pai, tradutor ocasional de poesia galega, trabalhava como arquivista. Seus recursos, como estudante, deviam ser bastante escassos, mas de vez em quando se permitia uma breve viagem a alguma das cidades mais próximas. Em uma excursão a Toledo, em um vagão de terceira classe, entabulou conversa com um norte-americano apenas um ano mais velho que ele. Falaram de pintura e de poesia, e depois foram juntos admirar *O enterro do conde de Orgaz.* Que surgisse entre eles uma amizade era questão de tempo. Compartilhavam a predileção por viagens e a inquietação cultural e, se Robles tratava de melhorar seu inglês, o mesmo tentava Dos Passos com seu es-

panhol. Também os aproximavam os ambientes acadêmicos, em que ambos circulavam. A Residência de Estudantes e o Centro de Estudos Históricos, que não tardariam a ser importantes na vida de Robles Pazos, eram já na de Dos Passos, que, à espera de uma vaga na primeira, alojava-se em uma pensão perto da Porta do Sol e, enquanto isso, assistia no segundo a uns cursos sobre língua e literatura espanholas ministrados por Tomás Navarro Tomás.

Só a morte de Robles interromperia essa amizade. Em *The Theme is Freedom*, Dos Passos diria que era "um homem vigoroso, cético, de espírito inquisitivo". Em *Años inolvidables* [*The Best Times: An Informal Memoir*], livro de memórias escrito meio século depois daquele primeiro encontro, o descrevia como um homem irônico e até mordaz, disposto a rir de qualquer coisa, excelente conversador, cuja alegria o tornava mais próximo dos romances de Baroja que de seus amigos da Instituição Livre de Ensino. Assim, enquanto para estes as corridas* eram tabu, Dos Passos recorda o quanto Robles se divertia indo à praça e fazendo desenhos dos toureiros. Robles era, além de tudo, um bom companheiro de viagem. Dos Passos e ele tiveram tempo de fazer vários passeios juntos antes que, no final do seguinte mês de janeiro, o norte-americano recebesse na Residência de Estudantes um telegrama comunicando a morte de seu pai e tivesse que fazer as malas para voltar aos Estados Unidos. Dos Passos partiu tão repentinamente que sequer pôde se despedir pessoalmente do amigo e acabaria fazendo-o por carta, a bordo do *Touraine*. Nessa carta, primeira de muitas que escreveria a Robles e a única de todas redigida em francês, já anunciava o desejo de voltar o quanto antes à Espanha, país pelo qual se confessava "*vraiment fasciné*".**

---

*Corridas de touros ou touradas. *(N. da T.)*

**Em francês, como no original: "verdadeiramente fascinado". *(N. da T.)*

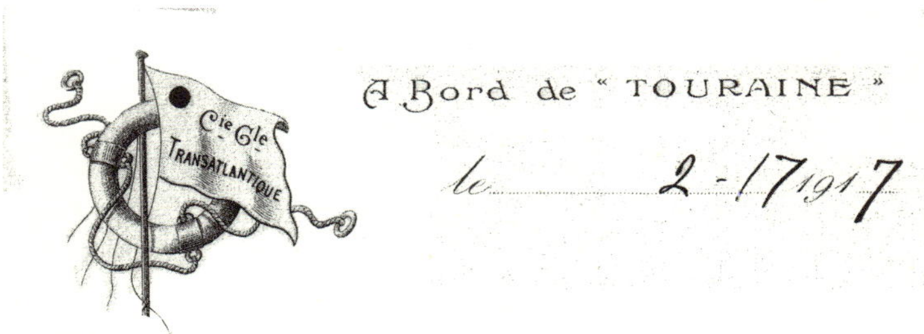

Em 1918, após licenciar-se com um trabalho de final de curso sobre a presença dos refrões em *Persiles*, de Cervantes, José Robles começou a trabalhar como professor de literatura espanhola no Instituto-Escola, subordinado à Residência. Durante os dois cursos seguintes, dividiu-se entre a docência e a condição de colaborador do Centro de Estudos Históricos. As satisfações pessoais que lhe proporcionavam ambas as atividades deviam ser superiores às econômicas. Boa prova de suas limitações naqueles anos nos fornece o fato de que, quando, no final da primavera de 1920, foi admitido como professor pela Universidade Johns

Hopkins, sequer tinha dinheiro para custear a viagem. Recorreu para isso à Junta para a Extensão de Estudos, a que, em 12 de junho, "considerando que não possui meios suficientes", solicitou uma ajuda de duas mil pesetas. Seu pleito era avalizado pela assinatura de Ramón Menéndez Pidal, diretor do centro, e a subvenção lhe foi concedida no dia cinco do mês seguinte.

José Robles havia se casado no ano anterior com Márgara Villegas, aluna da Escola de Belas Artes de São Fernando, que era vinculada à Instituição Livre de Ensino. Faziam um belo casal: ele era alto, moreno, de boa aparência, enquanto ela era miúda, morena também, de rosto redondo e expressão doce. Márgara era irmã de Amparo Villegas, uma célebre atriz da época, e o jovem casal aproveitava os convites que esta lhes fornecia para entrar gratuitamente no teatro. Com eles, ia algumas vezes o bom amigo Maurice Coindreau que, naquela altura, estudava na Universidade de Madri e, poucos anos depois, traduziria para o francês *Divinas palabras* e *Manhattan Transfer*. Foi através de Pepe Robles que Coindreau co-

nheceu tanto Valle-Inclán quanto Dos Passos. Seu primeiro encontro com este seria lembrado pelo francês em umas entrevistas para a França-Cultura publicadas com o título *Memoires d'un traducteur*. Aconteceu na biblioteca do Ateneu. Robles apresentou-lhe um "jovem alto, corpulento e sem garbo, que nada tinha de madrilenho" e disse que era um homem que sempre andava de um lado para outro. Segundo Coindreau, se Robles solicitou o lugar de professor na Johns Hopkins "não foi tanto para ganhar mais dinheiro mas para conhecer a América e reencontrar o amigo Dos Passos".

Em março de 1920, enquanto esperavam a resposta da Universidade Johns Hopkins, Márgara e Pepe tiveram o primeiro filho, Francisco (Coco). No final daquele verão, instalaram-se em Baltimore. Contratado a princípio como professor auxiliar (*instructor*) de língua espanhola, Robles ascenderia, em 1922, à categoria de professor associado. Durante aqueles primeiros anos nos Estados Unidos, foi abundante a correspondência entre Robles e Dos Passos, com quem havia retomado a amizade feita na Espanha no final de 1919 e início de 1920. Em uma dessas cartas, Dos Passos recebia com alegria a notícia da mudança dos Robles e se oferecia para ensinar-lhes "o novo Babilônio". Em outra, descrevia Baltimore como "um lugar muito provinciano, muito típico, muito aborrecido", cujos habitantes tinham fama de hospitaleiros.

Em fevereiro de 1924, nasceu na muito provinciana, muito típica e muito aborrecida Baltimore a segunda filha do casal, cujo padrinho não seria outro senão Maurice Coindreau, que havia começado a dar aulas na Universidade de Princeton. Colocaram na menina o nome de Margarita, embora desde o princípio a chamassem de Miggie, como uma cantora de ópera que haviam conhecido

em uma de suas viagens de barco. Viviam então em uma modesta casa na rua Maryland mas, quando a situação econômica permitiu, mudaram-se para um lugar melhor na rua 25. Entre a educação dos filhos e as obrigações acadêmicas, os primeiros anos na América do Norte passaram-se em aparente placidez, e Pepe dedicava o tempo livre a tocar piano e estudar russo, já que havia se proposto a ler os clássicos russos em seu próprio idioma.

A julgar pela correspondência de Dos, que era como familiarmente se conhecia John Dos Passos, não faltavam ao Pepe Robles dos anos 20 ambições literárias. Há algum tempo trabalhava no texto de um romance ("meu interminável romance") e tinha escritos vários poemas e uma obra de teatro que sonhava colocar em cena, algum dia, em Madri. Em suas cartas, Dos comentava lisonjeiramente os fragmentos que Pepe lhe dava para ler, e falava das dificuldades econômicas e da saúde frágil, das viagens e dificuldades para encontrar uma casa em Nova York, de seus próprios progressos como escritor. Dos falava também de leituras e demonstrava que seu interesse pela atualidade cultural espanhola não diminuía: em uma carta de 1924, perguntou pelo desterro de Unamuno em Fuerteventura, em outra expressou seu entusiasmo por *Los cuernos de Don Friolera*, de Valle-Inclán, um autor cujas obras anteriores "pouco havia apreciado"(...) O mais surpreendente talvez seja que, já em 1924, tivesse lido "um livro de poesias de um argentino, Jorge Luis Borges", que lhe agradaram, embora fossem "um pouco pesadas e metafísicas". As cartas de Dos Passos informam, ainda, as novidades domésticas dos Robles, como o delicado estado de saúde de Márgara, pouco antes do nascimento de Miggie, ou a operação de apendicite a que foi submetido Coco, em 1926. A respeito dessa operação, brincou: "Terás que escrever comédias como os Quintero e tornar-te rico, se teus filhos seguirem a moda das operações. Este ano, o mais chique são as úlceras no estômago."

Entre abril de 1927 e janeiro de 1928, Pepe Robles colaborou com *La Gaceta Literaria*, que naquela altura era o principal meio de expressão dos jovens escritores espanhóis (e de alguns hispanófilos estrangeiros, como o próprio Coindreau). Na revista de Ernesto Giménez Caballero, Robles era o responsável por uma seção intitulada "Libros yankis", em que, freqüentemente com ilustrações próprias, informava sobre a atualidade literária norte-americana. Suas primeiras resenhas, em abril e junho de 1927, foram dedicadas a *Manhattan Transfer*, de Dos Passos, e a *O sol também se levanta*, de Hemingway. Quase com toda a segurança, pode-se afirmar que foram essas as primeiras notícias publicadas na Espanha sobre a obra dos dois escritores.

Os Robles tinham por hábito passar em Madri as longas férias universitárias. Viajavam de Baltimore a Nova York, onde se hospedavam no apartamento de Dos, e de lá embarcavam em um transatlântico que os levava aos portos de Vigo ou do Havre. Na viagem de regresso, também passavam pelo apartamento de Dos. Nesse apartamento, encontravam às vezes Maurice Coindreau, que pouco depois da publicação de *Manhattan Transfer* já estava trabalhando em sua tradução e ia freqüentemente a Nova York para tirar dúvidas com o autor. Não surpreende a suposição de que tenha sido em algum desses encontros que Pepe e Márgara conceberam a idéia de traduzir seus livros para o espanhol. No final da década, consagraram parte do tempo a essa tarefa. Enquanto Pepe trabalhava na versão de *Manhattan Transfer*, seu romance mais emblemático, Márgara o fazia em *Rocinante vuelve al camino* [*Rosinante to the road again*], compilação de textos em que o norte-americano recriava suas primeiras viagens à Espanha.

Ambas as obras seriam publicadas pela recém-criada editora Cenit, de marcado caráter esquerdista. Essa mesma editora acolheu em seu catálogo as outras traduções do casal nessa época: as que Márgara fez de três romances hoje esquecidos de Michael Gold, Julia Peterkin e Edwin Seaver, e a que Pepe assinou de *Babbitt*, de Sinclair Lewis. De *Manhattan Transfer*, que tanto acabaria influindo no romance espanhol, foi feita logo uma segunda edição, que incorporava um prólogo do tradutor. Nele, Robles Pazos, além de demonstrar um profundo conhecimento da obra literária de Dos Passos, retratava o amigo como um homem de "1,80m de altura, mal vestido e míope", um viajante curioso e infatigável, um "radical até a medula dos ossos", que simpatizava com as causas de esquerda.

Robles, embora nunca tenha se filiado à organização política alguma, também era um homem de esquerda. Seu fervente republicanismo, de fato, afastou-o de parte de sua família, monárquica e conservadora. A saída da Espanha de Alfonso XIII e a proclamação da Segunda República, logo depois, foram sem dúvida acolhidas com autêntica alegria no lar dos Robles em Baltimore. Viajou, nesse verão, para a nova Espanha republicana e deve ter sido então que, por meio de um judeu chamado Estrugo, que conheceu nos Estados Unidos, entabulou amizade com o escritor Francisco

Ayala, que havia publicado uma resenha de *Manhattan Transfer* na *Revista de Occidente.* Com ele, com a própria família e com a de José Estrugo, Robles fez uma nova visita a Toledo. Em suas memórias, Ayala evoca sua "risada fácil e aberta, e um olhar onde se refletia sua inocente bondade".

Durante o período seguinte, o de 1931-1932, Robles Pazos tirou um ano sabático, que naturalmente passou em Madri com a família. Viveram esse ano em um apartamento alugado junto à praça de touros da Carretera de Aragon, onde, naquela altura e até o seu fechamento em 1934, eram realizadas corridas: de fato, podiam vê-las da janela. Pepe Robles, homem falador e de grande vitalidade, bom amigo dos amigos, se divertia com as tertúlias nos cafés. "Não há nada tão fecundo como perder tempo e, para perder tempo, não há lugar como um café", escreveria anos depois. Sua teoria sobre as tertúlias vai mais longe: "O café é o refúgio da sinceridade. As convenções sociais nos obrigam a ter uma vida mais ou menos fictícia durante todo o dia, mas chega a hora da tertúlia, sempre aguardada com impaciência, e então podemos soltar todas as verdades que nos ocorram."

Pepe costumava ir só aos cafés, embora às vezes Márgara o acompanhasse, e nessas ocasiões deixavam Coco e Miggie aos cuidados da babá. Das diferentes tertúlias, a que Pepe mais freqüentava era a de La Granja del Henar, na rua de Alcalá. Ali nasceu sua amizade com escritores como Valle-Inclán, León Felipe ou Ramón J. Sender, com quem, quando o tempo permitia, compartilhava as mesinhas da varanda do café. Freqüentemente, a conversa continuava no apartamento dos Robles. Em sua sala, não era difícil encontrar Valle-Inclán (a quem, mais de uma vez, Robles teve que recorrer, do ponto de vista financeiro) e León Felipe (que aspirava a ocupar um lugar de professor em alguma universidade norte-americana e que, mais tarde, trocaria cartas com Pepe em busca de conselhos), mas também poetas como Rafael Alberti, tradutores como Wenceslao Roces ou editores como Rafael Giménez Siles. Para avaliar a importância que essas reuniões tinham na vida cultural da época, deve-se recordar que foi atribuída a Giménez Siles, fundador e responsável pelo Cenit, a autoria do prólogo que, assinado por Valle-Inclán, encontra-se no início do livro de Sender, *El problema religioso en Méjico*, o que sem dúvida representa uma pequena falha na história da edição espanhola.

Naqueles anos, Dos Passos mantinha seus já conhecidos hábitos de viajante impenitente. Embora em 1930 tivesse estabelecido residência em Provincetown, Massachusetts, não desperdiçava nenhuma oportunidade de embarcar com a mulher para a Europa ou América Central. Outro de seus destinos favoritos era Key West, na Flórida, onde se encontrava com um de seus melhores amigos de então, Ernest Hemingway. Em Key West, graças a Hemingway, havia conhecido em 1928 Katy Smith, que seria sua companheira de sofrimento até encontrar a morte, em um acidente de trânsito quase vinte anos depois.

De volta à América do Norte, os Robles alugaram, em Provincetown, uma casinha para passar as férias. Tinha um pequeno jardim e estava próxima da praia e da residência do próprio Dos Passos. Como não poderia deixar de acontecer, em se tratando de alguém como Pepe Robles, aquele foi um verão de longas tertúlias noturnas com Dos Passos e Katy, em torno de quem costumava se reunir a pequena colônia de escritores e artistas. Entre eles estava o mais ilustre crítico literário da época, Edmund Wilson, que passava temporadas em uma velha casa em frente ao porto. Além dessas tertúlias, Wilson dedicou o verão à redação da peça de teatro *Beppo and Beth* e a uma aventura extraconjugal em que embarcou, aproveitando a ausência de Margaret, sua segunda mulher (que, depois, morreria em um estúpido acidente, em setembro desse mesmo ano). As anotações de Wilson em seus diários permitem imaginar como os Robles passaram aquelas férias: passeios junto ao farol de Long Point, piqueniques na praia, saídas ao mar com os pescadores de Truro, acompanhar talvez o torneio de tênis local... Se nesses diários não se menciona o nome de Robles, ele aparece algumas vezes em suas cartas: em uma de janeiro de 1940, é descrito como um homem claramente de esquerda e dotado de excelente caráter. A amizade com Dos continuava se estreitando e, quando visitava a casa dos Robles, o que mais divertia as crianças eram suas costumeiras brincadeiras: em uma ocasião, chegou a esquecer uma fatia de queijo entre as páginas de um livro.

A constante mobilidade de Dos fazia com que sua relação com Robles ficasse seguidamente limitada ao intercâmbio epistolar, e quase todas as cartas da época anunciam precisamente futuros encontros em Baltimore ou Nova York. Por razões econômicas, essa mobilidade se viu, sem dúvida, reduzida no início de 1933. Enquanto planejava novas viagens para fora dos Estados Unidos, Dos Passos visitou os Robles em Baltimore, no final de janeiro. Voltaram a se ver dois meses depois, quando o romancista acompanhou Katy a Baltimore, onde ia tirar as amídalas. Na decisão de escolher Baltimore para fazer a cirurgia, influiu o fato de que o dr. Horsley Gantt, velho amigo de Dos, tivesse entrado para a Universidade Johns Hopkins como professor. A operação transcorreu sem problemas, mas a recuperação de Katy coincidiu com uma das habituais crises de febre reumática de Dos Passos, que o obrigou a ocupar a cama de hospital que a mulher acabava de liberar. Permaneceu internado durante várias semanas, que dedicou à leitura de *Em busca do tempo perdido* e a cultivar algumas de suas amizades. Entre elas estava Robles, mas também Edmund Wilson e Francis Scott Fitzgerald, cuja mulher, Zelda, estava se submetendo a tratamento por Adolph Meyer, com quem Gantt colaborava. Com

Hemingway, Robles teve contato pouco tempo depois, durante o verão, que tanto ele quanto Dos e Katy passaram na Espanha.

Agora, os Robles viviam no segundo de três andares do número 3221 da avenida Guilford, muito perto da universidade. Sua grande fantasia continuava sendo voltar a Madri nas férias. No verão de 1934, abriram uma exceção, porque uma universidade mexicana contratou Pepe para ministrar um curso sobre literatura espanhola. A família viajou a bordo do *Morro Castle*, que fazia a rota entre o porto de Nova York e os de Havana e Veracruz. Concluído o curso, deviam regressar a Baltimore no mesmo barco, mas no último momento decidiram fazer a viagem por terra para aproveitar a paisagem. É possível que isso lhes tenha salvado a vida. Chegaram à fronteira de trem e ali pegaram um ônibus da Greyhound que realizava múltiplas paradas. Em uma delas, Pepe desceu para estirar as pernas e comprar cigarros. Logo depois, a mulher e os filhos viram-no voltar com a fisionomia alterada. Acabava de tomar conhecimento de que, na madrugada desse mesmo dia, 8 de setembro, o *Morro Castle* havia se incendiado na costa de Nova Jersey. O balanço final das vítimas mortais alcançaria 134.

No final desse ano e princípio do seguinte, Dos Passos, sofrendo novamente com a febre reumática, passou uma temporada com Katy em Key West. De lá, escreveu várias cartas a Pepe Robles, nas quais falava de sua recente experiência como roteirista de *Mulher satânica*, de Josef von Sternberg ("não vale a pena passar os dias elaborando idiotices para Marlene Dietrich"), e se mostrava animado com a idéia de visitá-los com a família. Não parece que essa visita tenha chegado a se realizar, devido provavelmente aos compromissos universitários de Robles, que então acumulava a docência com a pesquisa acadêmica.

Sua faceta de erudito levou-o a especializar-se no teatro clássico espanhol. São de 1935 sua compilação do *Cancionero teatral de Lope de Vega*, publicada pela editora da própria Johns Hopkins, e um artigo da revista *Modern Languages Notes* sobre a data de redação de *Fuenteovejuna*. Em janeiro do mesmo ano, havia aparecido uma pequena obra sua de caráter menos ambicioso, mas também mais divertida. Trata-se da *Cartilla española*, uma coletânea de textos em castelhano, com exercícios de vocabulário, dirigida a estudantes norte-americanos de espanhol. O livro propunha uma simpática turnê pelos costumes, pela história e pela cultura espanholas, e suas ilustrações, feitas pelo próprio Robles, confirmavam a facilidade para o traço ágil e alegre que Dos Passos já havia podido comprovar, vinte anos antes.

A acolhida de *Cartilla española* foi suficientemente favorável para que Pepe se animasse a preparar um novo volume com características similares. Seu título, levemente nostálgico, ia ser *Tertulias españolas*. Na primavera de 1936, o texto e os desenhos já estavam terminados, mas José Robles nunca chegaria a ver esse livro editado. No início de junho, como nos anos anteriores, fechou a casa na avenida Guilford e viajou para a Espanha com a família para aproveitar as férias. Tinha por hábito alugar um apartamento em Madri para os meses de verão, mas naquele ano um bom amigo que estava fora da cidade lhe cedeu o seu, na rua Menéndez y Pelayo. Na bagagem, levava o texto e os desenhos originais, aos quais pretendia acrescentar as obrigatórias seções de vocabulário e exercícios. O início da guerra civil impediu-o de fazê-lo.* Após sua detenção, em dezembro desse mesmo ano, Márgara Villegas conservou intacto o manuscrito. Recuperado por um professor da Universidade de Cincinnati e completado por outro, de Princeton,

*Em junho de 1936, militares liderados pelo general Francisco Franco rebelaram-se contra o governo republicano, que assumiu o poder após a abdicação do rei Alfonso XIII, dando início à Guerra Civil Espanhola. *(N. da T.)*

foi publicado como uma "homenagem ao destemido e apreciado autor de *Cartilla española*". Talvez não seja coincidência que o prólogo do volume, assinado por F. Courtney Tarr, tenha a data de 14 de abril de 1938, aniversário da proclamação da Segunda República, um detalhe que sem dúvida teria agradado o autor do livro.

Que teria acontecido com Robles Pazos? Com a rebelião militar, ele conseguiu uma permissão temporária da Universidade Johns Hopkins para permanecer na Espanha e colocar-se a serviço do governo legítimo. Este, necessitado de ajuda exterior e abandonado quase que desde os primeiros dias pelas potências européias, acolheu durante o mês de agosto os primeiros conselheiros militares soviéticos. Sua autoridade máxima era Yan Berzin, que até então havia dirigido o serviço de inteligência militar (GRU), e entre eles se destacava a figura do general Vladimir Gorev, adido militar e principal agente do GRU em Madri. Com os conselheiros, chegaria também um importante grupo de intérpretes. A russo-argentina Adelina Abramson fazia parte desse grupo e, em seu livro *Mosaico roto*, escrito em colaboração com sua irmã Paulina, menciona 204 tradutores enviados por Moscou. Por diferentes motivos, foram registrados os nomes de alguns deles: Benjamín Abramson (pai

de Paulina e Adelina), Elizaveta Parshina (autora de umas memórias intituladas *La brigadista*), Sofía Bessmertnaia (morta em Brunete)...

O historiador Daniel Kowalsky destacou que, dos quase 400 soviéticos que se encontravam na Espanha no início de novembro de 1936, somente 14 pertenciam ao contingente de tradutores, motivo pelo qual a comunicação entre alguns militares russos e seus colegas republicanos registrou mais de uma situação absurda. Enquanto em Moscou os futuros intérpretes, muitos deles escassamente familiarizados com o idioma, recebiam cursos intensivos e se preparavam para partir, tentou-se resolver o problema recorrendo a tradutores que já se encontravam, naquela altura, na Espanha. Entre eles, são lembrados nomes como o da própria Paulina Abramson, da espanhola de origem russa Lydia Kúper (responsável por uma das mais elogiadas traduções de *Guerra e paz*) e de José Robles, que, como sabemos, possuía alguns conhecimentos de russo.

Vladimir Gorev falava inglês e francês. Durante a maior parte dos 15 meses que passou na Espanha, sua intérprete habitual (e, segundo as Abramson, também sua amante) foi Emma Wolf. Mas, antes que esta chegasse, Pepe Robles teve que ser seu intérprete, o que o obrigou a freqüentar a sede principal dos conselheiros soviéticos, instalada inicialmente no Hotel Alfonso, na Gran Vía, e depois no Palace, na praça das Cortes. Em pequenas folhas com o emblema desse hotel, Robles escreveu a Henry Carrington Lancaster, chefe do Departamento de Línguas Latinas da Universidade Johns Hopkins, algumas cartas em que tentava tranqüilizá-lo em relação à situação da República: "Não acredite nos exageros da propaganda fascista. Estamos bem e as coisas vão se arranjar."

Palace Hotel
Madrid

Mon cher Lancaster:

Homem despreocupado e calmo, impenitente fumante de cachimbo, Vladimir Gorev gozava da simpatia dos madrilenhos e de um indiscutível prestígio militar: com apenas quarenta anos, era o general mais jovem do Exército Vermelho. O escritor Arturo Barea descreveu-o em *La forja de un rebelde* como um homem "loiro, alto e forte, com as maçãs do rosto salientes e os olhos frígidos", correto no trato com os oficiais espanhóis, mas rude e frio na discussão de assuntos militares. Embora a atividade dos conselheiros soviéticos ocorresse principalmente no Palace, Gorev dispunha também de um escritório no palácio de Buenavista, sede do Ministério da Guerra, situado no cruzamento da Alcalá com La Castellana, e estava em comunicação constante com o comandante Manuel Estrada, chefe do alto Estado-Maior. Entre os documentos secretos que foram liberados após o desmantelamento da União Soviética, há um informe de André Marty, o organizador das Brigadas Internacionais, que descreve o ambiente no ministério, onde qualquer um podia entrar "sem ser detido ou registrado". Para desgosto de Marty, havia um contínuo vaivém de oficiais que estavam de visita, trabalhadores sindicalistas que tratavam alegremente assuntos confidenciais e funcionários que ditavam, em qualquer lugar, a datilógrafas; e ficou escandalizado ao comprovar que as mulheres da Cruz Vermelha entravam no escritório do chefe do governo, Largo Caballero, sem pedir permissão.

A opinião que os conselheiros soviéticos tinham dos militares republicanos não podia ser pior. Consideravam-nos incapazes de ganhar por si mesmos a guerra, e a desordem e a indisciplina que percebiam no próprio ministério eram apenas sintomas da improvisação e da desordem que reinava nas milícias populares. Gorev não constituía exceção. Nos informes que, assinados com seu nome de guerra (Sancho), enviava a Moscou, falava claramente dos receios que lhe inspiravam Estrada e, sobretudo, o general Asensio, subsecretário do ministério e comandante-em-chefe da frente central. Deste, protegido de Largo Caballero, suspeitava que recebesse instruções de Franco e pensava que, caso algum dia conseguisse destituir aquele da chefatura do alto Estado-Maior, as coisas só poderiam piorar. Em todo caso, as constantes disputas entre Estrada e Asensio não beneficiavam a República, e os militares soviéticos, ansiosos por reduzir o poder de Largo Caballero, iniciaram logo o assédio a seu homem de confiança.

As pequenas conspirações e as obrigações próprias do cargo mantinham Gorev tão ocupado que as suas jornadas de trabalho se prolongavam do meio-dia até o início da madrugada, o que muito freqüentemente o impedia de aproximar-se da frente. Alguns assuntos de rotina eram delegados a Yosif Ratner, adido militar que trabalhava meio expediente no Estado-Maior, que os colegas conheciam como Juan. Para outros, confiava em Robles Pazos, que chegou a atender em seu nome o adido militar norte-americano quando este foi visitá-lo para pedir informações. Robles tinha a patente de tenente-coronel, mas sua mentalidade civil o levava a andar sempre à paisana, detalhe que só podia desgostar a quem, como André Marty, considerava vergonhoso que a secretária do ministro da Guerra não fosse uma militar, mas uma trabalhadora sindicalizada. Em torno de sua pessoa levantava, deste modo, suspeitas o fato de que seu irmão Ramón, oficial do exército que nos anos 60 chegaria a Capitão Geral da 9ª Região Militar, tivesse se negado a colaborar com as milícias, embora se encontrasse em Madri quando estourou a rebelião.

No início de novembro, as tropas de Franco alcançaram as margens do Manzanares,* e a queda de Madri, que era alvo de ininterruptos bombardeios, parecia iminente. No dia 4, o conselho de ministros decidiu transferir o governo para Valência. Quatro dias depois, os ministros já estavam na nova capital da República e seus colaboradores mais próximos preparavam, a toda pressa, a retirada dos escritórios madrilenhos. O socialista Julián Zugazagoitia deixou escrito em que condições se realizou a evacuação do Ministério da Guerra, com soldados que, temendo que o inimigo os surpreendesse em seu trabalho, "esvaziavam arquivos, carregavam caixas, moviam mesas e se assustavam com as notícias, más e piores, que chegavam da frente". Em meio a todo esse movimento, encontrava-se José Robles. Os amigos haviam aconselhado, desde o princípio, que regressasse com a família aos Estados Unidos, onde não correria nenhum perigo e seria mais útil à causa republicana, mas ele acreditava que seu lugar era na Espanha e, acompanhado do filho, seguiu seus superiores até Valência.

No caminho para a nova capital da República, José e Coco Robles desviaram para Alicante, a fim de se encontrarem com Márgara e Miggie. Por razões de segurança, eram numerosos os madrilenhos que haviam enviado suas famílias para a então tranqüila cidade. A mulher e a filha de Pepe encontravam-se em Alicante

*Rio que corta Madri. *(N. da T.)*

desde o final de agosto e, no mesmo local em que se hospedaram, o Hotel Samper, encontravam-se os filhos do toureiro Belmonte e um filho do ministro Negrín chamado Rómulo. Quando finalmente Pepe e a família chegaram a Valência, o aluvião de retirantes e funcionários que acompanhavam o governo era tal que, segundo algumas fontes, a população da cidade havia triplicado. Não havia residências suficientes para tanta gente e os recém-chegados deviam conformar-se com acomodações em vilarejos situados a mais de vinte quilômetros do centro ou amontoar-se em apartamentos abandonados pelos proprietários. Naquele primeiro momento, os Robles foram acolhidos por uma família da cidade.

Em Valência, José Robles prestava serviços como tradutor no Ministério da Guerra e na embaixada soviética, que havia se instalado no prédio do Hotel Metropol, em frente à praça de touros. Depois de comer, tinha por hábito ir até o Ideal Room, na esquina das populares ruas da Paz e Comedias, perto do antigo Hotel Palace, convertido em Casa da Cultura. Max Aub nos deixou uma breve descrição do café: "As mesinhas de mármore leitoso, o chão de ladrilhos brancos e pretos, os espelhos que recobrem as paredes, os ventiladores pendurados no teto." E Esteban Salazar Chapela escreveu: "Entrar à tarde no Ideal Room não era como entrar em La Granja, no Lyon ou no Regina, cafés literários e artísticos madrilenhos; era como entrar nesses três cafés ao mesmo tempo, pois no Ideal Room encontravam-se sempre elementos dos grupos de todos eles." As principais tertúlias madrilenhas reunidas no mesmo lugar: com que outra coisa podia sonhar Pepe Robles? No Ideal Room, marcavam encontros muitos dos intelectuais e artistas locais, mas sobretudo muitos dos que estavam de passagem pela cidade. Entre os primeiros, pode-se citar o conhecido desenhista José Renau e sua mulher, Manuela Ballester (colaboradora da editora Cenit e autora, por exemplo, da capa de *Babbitt*); entre os segundos, Corpus Barga, Rosa Chacel, David Alfaro Siqueiros... Alguns dos freqüentadores assíduos eram velhos amigos de Robles: León

Felipe, com quem Salazar Chapela se encontrava vez por outra na rua da Paz; Francisco Ayala, que estava em Valência devido a seu cargo na secretaria do ministro Álvarez Del Vayo; ou Rafael Alberti, que viajava com freqüência à cidade e havia trocado a gravata larga e o chapéu de poeta pelo uniforme e as alpargatas dos milicianos. No Ideal Room, também se reuniam correspondentes estrangeiros e membros das missões diplomáticas; e parece que Pepe Robles mantinha certa amizade, entre outros, com Herbert L. Matthews, do *New York Times*, e com o adido cultural da embaixada norte-americana. Em suas memórias, Ayala recorda que, numa tarde do início de dezembro, Robles faltou à tertúlia e nunca mais voltou a vê-lo. A imagem que ficou gravada pelo escritor granadino foi a de uma angustiada Márgara Villegas que, de mãos dadas com os dois filhos, ia "de um lugar para outro, perguntando, averiguando, inquirindo sempre, sem o menor resultado".

O desaparecimento, de fato, havia ocorrido na noite anterior. Os Robles acabavam de jantar com seus anfitriões e Pepe se preparava para ler um livro de contos de Edgar Allan Poe, quando bateram na porta da casa. Um grupo de homens à paisana entrou no salão. Sem dar explicações nem atender a súplicas, ordenaram que se arrumasse e os acompanhasse.

No dia seguinte, como recorda Ayala, sua mulher e os dois filhos percorreram a cidade em busca de informações sobre seu destino. A angústia de Márgara era mais que justificada: em seguida, soube que havia sido preso acusado de traição à República. As circunstâncias, por outro lado, pareciam complicar-se ainda mais: nessa mesma manhã, a família valenciana em cuja casa viviam mandou-os para a rua, sem contemplações.

Apesar da já mencionada escassez de moradias, conseguiram instalar-se em um apartamento de um moderno edifício, com elevador. Para obter dinheiro para pagar o elevado aluguel, Coco logo começou a trabalhar no Escritório de Imprensa Estrangeira. Márgara, enquanto isso, prosseguia com suas averiguações, que acabaram levando-a ao Cárcere de Estrangeiros, onde Pepe estava preso. Visitou-o em duas ocasiões antes de seu desaparecimento definitivo e, de ambas as visitas, voltou com mensagens tranqüilizadoras: tudo era fruto de um simples erro, era preciso deixar que as investigações seguissem seu curso, as coisas acabariam se arranjando. A prisão estava situada junto ao leito do Turia,* e Márgara insistia para que Miggie passeasse pelas ruas próximas ao rio, de forma que o pai pudesse vê-la pela janela de sua cela.

Aquele foi um triste fim de ano para os Robles. Embora a maioria de seus conhecidos manifestasse, uma vez ou outra, incredulidade e apoio, houve também alguns que lhes voltaram as costas. Entre estes estavam os dois melhores amigos de Pepe, que mais influência tinham naquele momento. Um deles era Wenceslao Roces, naquele tempo subsecretário do Ministério de Instrução Pública, e o outro, Rafael Alberti. Em um artigo de 1977, o escritor e pintor surrealista Eugenio Fernández Granell censuraria o poeta gaditano por seu silêncio ante os inúmeros assassinatos do stalinismo, entre eles o "do professor José Robles, poeta e desenhista, ordenado pelos generais russos". Somente em um livro posterior, Alberti falaria do caso Robles, mas suas declarações não foram especialmente reveladoras. Segundo Alberti, José Bergamín e ele foram interceder por Robles junto "às autoridades". Falaram de seu relacionamento com Dos Passos e da importância deste como escritor e lutador pela liberdade: "mas não teve jeito: diziam que estava provado que José Robles era um espião e o fuzilaram".

Mais firmeza temos nas gestões que, do outro lado do Atlântico, se iniciaram para libertar Robles. No início do ano, Henry Carrington Lancaster pediu a ajuda do Departamento de Estado norte-americano, que respondeu dizendo que, como o professor Robles era cidadão espanhol, lamentava "não poder fazer nada para

---

*Rio que corta Valência. *(N. da T.)*

conseguir sua libertação". Nessa altura, contudo, a possibilidade de que fosse executado ainda parecia impensável e, entre as preocupações da família, que se encontrava privada de sua principal fonte de renda, estava a da simples subsistência, motivo pelo qual recorreram a Lancaster para obter ajuda financeira. O Escritório de Imprensa dependia então do Ministério da Propaganda, instalado no que havia sido o edifício central da Caixa de Poupança e Monte de Piedad. No final de janeiro, foi recebido nesse ministério um cheque de trezentos dólares em nome de Margarita Robles Villegas, a única da família que possuía nacionalidade norte-americana.

Em uma das cartas dirigidas aos colegas de seu pai na Johns Hopkins, Coco escrevia: "Ninguém, nem no Ministério de Estado nem na embaixada russa, encontrou razões concretas para esta ridícula prisão." A inquietude da família, todavia, crescia com o passar do tempo e, quando chegou o cheque, a aflição era total. José Robles já não se encontrava mais no Cárcere de Estrangeiros. De acordo com o que ele mesmo dissera a Márgara, na segunda visita desta à prisão, teria sido levado para Madri, mas o certo era que seu novo paradeiro permanecia secreto. Que garantias podiam ser esperadas, em uma situação assim? Por Valência, começaram a circular boatos sobre o desaparecimento de Robles. Alguns sugeriam a possibilidade de que tivesse sido levado para a Rússia ou enviado à frente; outros falavam diretamente de seu assassinato. No dia 11 de fevereiro, Maurice Coindreau escreveu a Lancaster para informá-lo de que acabava de receber uma carta de Márgara em que ela manifestava sua preocupação relativa ao seguro de vida do marido, "que, certamente, é mais importante que nunca para eles": isso indica que os temores pela sorte de Robles haviam aumentado repentinamente. A confirmação, embora oficiosa, de sua morte foi recebida por Coco, de Luis Rubio Hidalgo, seu chefe no Escritório de Imprensa. Devia ser um dia do final de fevereiro ou início de março e, nessa mesma tarde, Coco contou a sua mãe e sua irmã, no elevador de casa.

CAPÍTULO 2

Quando chegou a Madri, no final de outubro de 1916, John Dos Passos era um jovem que queria conhecer o mundo e escrever. Aquele era seu primeiro contato com a Espanha e, embora a permanência fosse terminar em três meses, teve tempo de percorrer boa parte do país. Costumava dedicar os domingos a fazer excursões pelos arredores da capital: Aranjuez, El Pardo, Sierra de Guadarrama e, certamente, Toledo, eram alguns de seus destinos habituais. Em várias dessas visitas, teve como guia o amigo José Giner, que, de acordo com os preceitos da Instituição Livre de Ensino em que havia se educado (não em vão era sobrinho de seu fundador), sentia um amor sincero pelos povos e pelas terras da Espanha. Mais tarde, esteve também em La Mancha, cuja paisagem tantas vezes havia entrevisto nas páginas de *Quixote*, e cruzou de sul a norte as províncias sublevadas até chegar a Tarragona. Viajava em vagões de terceira classe ou simplesmente a pé, e sempre havia quem o recolhesse em seu carro ou sua charrete ou compartilhasse com ele o seu vinho.

Os itinerários de Dos, naquela época, são fáceis de reconstruir graças a suas cartas e seus diários, reunidos pelo biógrafo Townsend Ludington. De suas impressões de então, também podemos formar uma idéia através desses textos. "A Espanha me deixa louco", escreveu, referindo-se à doçura e à nobreza de sua gente. Dos Passos era, na realidade, um entusiasta da Espanha e do espanhol. Encantavam-no o chocolate, os sinos das igrejas, os cachecóis de diversas cores com que os madrilenhos se abrigavam, o costume de passar o tempo nos cafés, inclusive a constante confusão da Porta do Sol, "a maior e mais ruidosa praça da cidade". Encantavam-no também a história e a cultura, e rapidamente decorou seu quarto de pensão com reproduções de Velázquez e El Greco. Para Dos Passos, a Espanha era um "templo de anacronismos" e ele percebia, na maneira de vestir dos espanhóis, em sua música e seus ritos, em sua cerâmica e sua gastronomia, indícios de um país que era ao mesmo tempo romano, grego, fenício, semítico e árabe. Os poemas que escreveu nessa época (e que, mais tarde, compilaria em seu único volume de poesia) celebravam a beleza e a dignidade dessa Espanha eterna, que ele contrapunha ao pragmático materialismo dos países mais avançados. Daí vinham, sem dúvida, as divergências que mantinha com os amigos da Instituição Livre de Ensino, partidários de europeizar a Espanha.

Somente voltaria à Espanha dois anos e meio depois. Já era então um escritor, embora ainda inédito. De fato, naquele dia de agosto de 1919, procedia de Londres, onde havia assinado o contrato de edição de *Primer encuentro* [*One Man's Initiation: 1917*], romance inspirado em suas experiências como motorista de ambulâncias durante a Primeira Guerra Mundial. Na companhia de um amigo norte-americano, percorreu a "costa cantábrica". De Motrico, na província de Guipúzcoa, escreveu a Robles para anunciar sua chegada à capital da Espanha e contar as maravilhas da costa basca: "Há, em todos os lugares, bailes, foguetório, festas, sidrerias." Depois de escalar os Picos da Europa, passou por Madri em direção a Jaén, Málaga e Granada, cidade em que se instalou em meados de setembro. Lá observou que, no verão, a gente do lugar alugava uma figueira para ir com seus porcos, suas cabras, seus gatos e seus frangos, para comer figos e aproveitar a sombra: "Nessas condições, a vida não tem problemas."

Dos continuava com uma versão idílica da Espanha. Cruzar a fronteira equivalia a sair da "fétida nuvem" européia e respirar, enfim, um ar puro: "O Bidasoa* se transformou em um Rubicão,** e os Pireneus, graças a Deus, são maravilhosamente altos." Sua recente estréia como correspondente de um jornal trabalhista britânico levou-o a passar oito dias do mês de outubro em Lisboa. De volta a Granada, teve que permanecer um mês inteiro na cama devido à febre reumática. Aproveitou esse período para ler e trabalhar no que seria seu primeiro grande êxito literário, o romance *Tres soldados* [*Three Soldiers*]. Entre meados de novembro e princípio de março do ano seguinte, viveu em Madri. Durante esses quatro meses, além de freqüentar os amigos madrilenhos e visitar com eles alguns de seus destinos favoritos (Aranjuez, Yepes, Toledo), tratou de concentrar-se no texto do romance em que, como o anterior, recriava os horrores da guerra de que havia sido testemunha. Escrevia na biblioteca do Ateneu, graças a um passe livre obtido através de José Giner. Lá foi apresentado por Pepe Robles a quem, mais tarde, traduziria alguns de seus livros para o francês, Maurice Coindreau. Dos considerava essa biblioteca o lugar mais apropriado para trabalhar e, em uma carta, descreveu-a como "anormalmente cheia de cavalheiros com ar de literatos, que se rodeiam de pilhas de livros e, com suas gargantas, fazem tristes ruídos de eruditos cada vez que passam uma página".

---

*Um dos rios mais importantes da Bacia Cantábrica, no Norte da Espanha. *(N. da T.)*

**Rubicão é o nome de um antigo rio do Norte da Itália (Rubico), que entrou para a história porque a lei romana proibia que fosse atravessado por qualquer general ou exército. Era considerado o limite entre a província romana de Gallia Cisalpina e a capital romana. O objetivo da lei era proteger a república de uma eventual ameaça militar interna. Júlio César cruzou o rio em 49 a.C., ao perseguir Gneu Pompeu Magno, ignorando a lei e abrindo caminho para o conflito armado. *(N. da T.)*

Em março viajou para Barcelona, de onde escreveu para Robles para felicitá-lo pelo nascimento de Coco e informá-lo de seus progressos no estudo da poesia catalã: pelo que havia lido, Joan Maragall lhe parecia "um grande poeta", e em todos os poetas catalães observava "um lirismo puro e humilde, com um cheiro de terra que me agrada muito". De Barcelona, após uma breve estada em Palma de Mallorca, sairia para França e Estados Unidos, em meados de abril.

Exatamente um ano depois, estava de volta à Península. Nessa ocasião, viajava com o poeta e. e. cummings, que desejava tanto quanto ele fugir da vida literária nova-iorquina. Desembarcaram em Lisboa, de onde Dos Passos escreveu uma carta a Pepe Robles, em que anunciava o propósito de passar por Madri e, em seu vacilante espanhol, comentava: "Seria engraçado chegar a Madri a tempo de ver a estréia de sua comédia!" Robles nunca estreou a obra em que estava trabalhando. Não muito antes, em 1920, havia publicado, na coleção Universal, a tradução de uma peça de Alfred de Vigny: seu afã em conquistar o público teatral não passou daí. De qualquer forma, o amigo Dos tampouco teria podido assistir à improvável estréia madrilenha. Devido a uma dolorosa infecção em um dente, cummings não estava com a disposição ideal para interessar-se pela arte e pela cultura locais, como Dos pretendia. Este e cummings abandonaram a capital portuguesa para, depois de visitar rapidamente Salamanca e Plasencia, seguir para Sevilha, onde um dentista conseguiu fechar o abscesso de cummings. Os dias seguintes foram dedicados aos touros e a aproveitar a sensualidade da cidade andaluza, inclusive a de suas prostitutas, e depois, ao que tudo indica sem tempo para parar em Madri, partiram para a França.

As andanças de Dos Passos pela Espanha inspiraram, total ou parcialmente, seus dois livros seguintes, ambos publicados em

1922. *Rocinante vuelve al camino* reflete com nitidez a Espanha que Dos quis encontrar e encontrou: um refúgio diante da materialista sociedade norte-americana que tanto havia criticado. A sua Espanha é cheia de virtudes antigas, como a hospitalidade ou o apego à terra e às tradições, uma Espanha de homens pobres que, contudo, prolongavam suas horas de alegria até a madrugada: o triunfo da vida e do ser humano em um mundo de sujeira e farrapos. Misturando metafísica e realismo, recorrendo igualmente à alegoria e ao relato de viagem, combinando a Espanha lida com a Espanha vivida, Dos Passos propôs em *Rocinante vuelve al camino* uma interpretação da história e do caráter dos espanhóis que não se distancia demasiadamente da visão "noventaeoitista" então imperante. Não só os autores, mas também os assuntos preferidos dessa geração nos aparecem de repente, vez por outra, nas páginas do livro, e não por acaso um certo individualismo imutável, característica que previamente havia definido os escritores de 1898, faz parte, para Dos Passos, da essência do espanhol. Baseando-se na "forte confiança anarquista no indivíduo", chega a afirmar que a "Espanha é a pátria clássica do anarquista".

Em vários dos poemas de *A Pushcart at the Curb*, também canta essa Espanha individualista e não contaminada. Das seis partes que integram o volume, duas ("Winter in Castile" e "Vagones de tercera", da qual Pepe Robles fez uma tradução parcial) são dedicadas à Espanha e ilustram suas já conhecidas viagens pelo país: há poemas dedicados a Madri, mas também a Toledo, Aranjuez, Cercedilla, Navacerrada, Alcázar de San Juan, Getafe, Denia, Villajoyosa, Granada, Lanjarón... A professora Catalina Montes analisou esses poemas em um estudo de 1980 e chegou à conclusão de que Dos Passos admirava a dignidade com que os espanhóis aceitavam seu atraso econômico: melhor ser pobre que ser escravo "da industrialização, da ânsia de dinheiro".

Sua rejeição ao capitalismo se radicalizaria em conseqüência da condenação à morte de Sacco e Vanzetti, em cuja inocência ele acreditava piamente. "Sacco e Vanzetti me interessavam porque eram anarquistas e eu simpatizava muito com suas ingênuas convicções", escreveria muito tempo depois em *Años inolvidables.* Dos assumiu a defesa deles como um assunto pessoal: escreveu um panfleto denunciando o caso, conversou com eles, fez parte do comitê criado para defendê-los. Durante o verão de 1927, em um novo esforço para evitar sua execução, publicou um artigo em vários jornais, e foi detido em Boston junto com outros manifestantes. A campanha de nada serviu. Sacco e Vanzetti foram executados em 23 de agosto, e Dos Passos, decepcionado com o sistema capitalista norte-americano, que considerava culpado pelo assassinato dos dois anarquistas, voltou-se para o socialismo. Em maio do ano seguinte, viajou para a Rússia para conhecer a nova sociedade soviética. O produto dessa viagem foi "El visado ruso", um texto que expressa sua simpatia pelo povo russo e a revolução, mas que também chama a atenção para o clima de medo e perseguição que percebeu.

Em fevereiro de 1930, Dos Passos, já com Katy e em viagem de descanso, cruzou a Espanha de norte a sul. Em março, chegaram a Cádiz, onde embarcaram no *Antonio López* em direção às Ilhas Canárias e Cuba. Mais significativa seria a viagem seguinte, no verão de 1933. A essa altura, devido a sua participação no episódio de Sacco e Vanzetti e também por sua campanha de denúncia das condições de trabalho dos mineiros de Harlan County, Kentucky, havia se convertido em um dos mais influentes intelectuais de esquerda, e sua intenção era escrever uma grande reportagem sobre a jovem República espanhola, na qual havia depositado tantas esperanças. De fato, acabava de assinar contrato de edição de "La República de los hombres honrados" que, finalmente, em abril do ano seguinte, seria publicado junto com "El visado ruso" e outros relatos de viagens, em um volume intitulado *En todos los países*. Em uma das cartas que escreveu a Hemingway, brincava sobre seu projeto de reportagem, dizendo que seria "queimado por Hitler, coberto de urina no Kremlin, usado como papel higiênico pelos anarcossindicalistas, deplorado por *The Nation*, indicado pelo *New York Times*, ridicularizado pelo *Daily Worker* e não lido pelo Grande Público Americano".

O casal Dos Passos havia previsto viajar para a Espanha em companhia de Hemingway, que ia em busca de locações para a filmagem da adaptação cinematográfica de *Morte ao entardecer*. Um dos já mencionados ataques de febre reumática de Dos, entretanto, alterou os planos. Katy e ele chegaram em julho e a primeira coisa que fizeram foi comprar um pequeno Fiat de segunda mão, que chamaram de *Cockroach* (Barata), no qual percorreram a península de sul a norte. Em Pontevedra, presenciaram um espetáculo pirotécnico em que os fogos de artifício exibiam as cores da bandeira republicana e, em Santander, assistiram a um comício do deputado socialista Fernando de los Ríos, primo de José Giner.

O ato ocorreu na praça de touros e alguém soltou duas pombas que deviam simbolizar a paz e que, certamente abatidas pelo calor, não chegaram a levantar vôo. Dos viu, nesse detalhe, um mau presságio para a frágil República e, talvez, um indício de que os bons tempos estavam terminando também para ele. De fato quando, mais de trinta anos depois, redigiu suas memórias, elas terminam precisamente com esta viagem à Espanha. Edmund Wilson não deixou de reprová-lo, de forma amistosa, e Townsend Ludington, em alusão ao título original do livro (*The Best Times*; Os melhores tempos), assinalaria mais tarde que a breve vida da República marcou, para o escritor, "os últimos momentos dos melhores tempos".

Em agosto, Kay e Dos instalaram-se em Madri, no Hotel Alfonso, que até 1931 havia se chamado Alfonso XII. Hemingway chegou uns dias depois e ficou em um quarto no Biarritz, mas, demasiadamente ocupado com seus próprios assuntos, só encontrava com eles de vez em quando para almoçar na Casa Botín. Em suas viagens à Espanha, Dos Passos conheceu vários de seus mais relevantes intelectuais: na primeira, foi recebido por Juan Ramón Jiménez, cuja familiaridade com a poesia norte-americana deslumbrou-o, e na segunda, acompanhado de Robles, visitou em Segóvia Antonio Machado, de quem pretendia ser tradutor para o inglês. Nesta nova viagem, entrevistou para seu trabalho Manuel Azaña e Miguel de Unamuno. De ambas as entrevistas, Dos Passos saiu também com maus presságios quanto ao regime republicano: se,

enquanto esperava ser recebido pelo presidente do governo, sentiu-se "oprimido pela atmosfera do gabinete governamental, pela sensação de isolamento em relação ao mundo real", quando se reuniu com Unamuno (que, "com sua pele enrugada e seu rosto estreito e convexo, se parecia cada vez mais com Dom Quixote"), o único comentário que conseguiu extrair dele foi: "Onde estão os grandes homens?"

Fiel a sua gente, Dos Passos visitou, ainda assim, os amigos espanhóis. Pepe Giner mostrou-lhe o Palácio Real (agora chamado Nacional), cujo acervo tinha agora sob sua responsabilidade, e o que mais chamou sua atenção foi que, enquanto fazia o inventário dos bens reais, tivesse encontrado a coroa da Espanha "escondida em um velho armário de roupas". O outro Pepe, o Robles Pazos, que estava de férias em Madri, encontrava sobretudo nas tertúlias no café. Devia ser no La Granja del Henar, onde José Robles lhe apresentou Ramón J. Sender, que acabava de chegar de uma viagem à URSS. A amizade entre Sender e Dos Passos seria retomada vários anos depois na América do Norte e o aragonês fala dela em *Álbum de radiografías secretas*. Suas trajetórias vitais e ideológicas transcorreriam em paralelo: ativistas das causas esquerdistas na juventude, convertidos em ferozes anticomunistas pela guerra civil, somente graças a sua comum e "irreprimível independência de critério", enfrentaram o "sistema de calúnias" que os aguardava. Mas aquele encontro do verão de 1933 foi significativo porque, meses antes, havia ocorrido a matança de camponeses por guardas, na localidade gaditana de Casas Viejas, um episódio que não apenas constituía um mau presságio para o novo regime republicano, mas também representava um sério dano à sua credibilidade, e Sender, como afirma o próprio Dos Passos em *La República de los hombres honrados*, foi o único que, através de um jornal, lutou para evitar que o escândalo fosse silenciado. As crônicas de Sender no *La Libertad*, que logo seriam compiladas em livro, constituíram de fato umas das principais fontes de informação do escritor norte-americano.

O governo de Azaña, que inicialmente negou os fatos, teve que concordar com a criação de uma comissão de investigação, quando a imprensa revelou o ocorrido. Para Sender, a posterior batalha parlamentar foi apenas "uma disputa entre verdugos, onde se debatia se as execuções haviam sido realizadas corretamente ou não". Para Dos Passos, o espírito de Casas Viejas acabou provocando a derrota do governo de homens honrados e, ao final de sua reportagem, censurava a impotência com que os democratas bem-intencionados contemplavam "o colapso da vida civilizada que tanto estimam". Suas antigas simpatias por esse individualismo e esse anarquismo tão genuinamente espanhóis haviam alimentado uma desconfiança visceral em relação aos políticos que tinham consentido com seu esmagamento.

A essa quebra de confiança na República somava-se ainda a aversão que lhe inspirava a nascente burocracia. Katy e ele sofreram as conseqüências na própria carne no final de setembro, quando, nas vésperas de sair da Espanha, puseram seu automóvel à venda. Um jovem oficial pediu permissão para testá-lo e desapareceu. A polícia recuperou rapidamente o *Cockroach* e Dos foi à Porta do Sol e viu o pequeno Fiat cercado por uma tela metálica no pátio do Governo. Lá estava e lá, retido como prova, continuaria, quando o casal Dos Passos embarcou no *Exchorda*, no porto de Gibraltar. "Não há remédio. É a lei", disse o funcionário da polícia, por mais que insistissem em sua urgência para vendê-lo. O episódio do *Cockroach* e as seqüelas de sua enfermidade fizeram com que a permanência de Dos Passos na Espanha fosse também um fracasso no plano pessoal.

Isso, contudo, não impediu que seu interesse pela instável atualidade espanhola se mantivesse firme e o antigo ativista voltou a articular quando um amigo, o artista santanderino Luis Quintanilla, foi detido devido ao movimento insurrecional de Astúrias, de outubro de 1934, por fazer parte do comitê revolucionário de Madri. Quintanilla era também (e sobretudo) amigo de Hemingway, a quem havia conhecido em uma bebedeira em um bar de Montparnasse, em 1922. Homem de agitada biografia que, em sua juventude, havia sido marinheiro e boxeador, e que, desde 1927, militava no PSOE (Partido Socialista Operário Espanhol), ia ser julgado por um tribunal militar e a condenação poderia ser bastante severa: foram pedidos 16 anos de prisão.

Para dar publicidade ao caso e forçar o governo espanhol a ser clemente, Hem e Dos organizaram uma exposição de suas águas-fortes na galeria nova-iorquina Pierre Matisse e, da mesma forma como estava ocorrendo na Inglaterra e na França (neste país, por iniciativa de André Malraux), promoveram uma campanha para conseguir assinaturas de personalidades como Henri Matisse, Thomas Mann, Sinclair Lewis e Theodor Dreiser, com quem Dos Passos havia colaborado na defesa de Sacco e Vanzetti. A exposição devia servir para arrecadar fundos para os prisioneiros, e os dois escritores recorreram para isso a seus contatos com liberais da alta sociedade. Entre eles estavam, por exemplo, os ricos e elegantes Sara e Gerald Murphy, bons amigos de Hemingway e Dos Passos desde o início da década anterior. Em sua biografia dos Murphy, Amanda Vaill reproduz um telegrama de Gerald em que menciona a excelente acolhida da exposição: "QUATRO VENDIDOS NO PRIMEIRO DIA."

O catálogo incluía tanto textos de Hemingway quanto de Dos Passos. O deste assinalava: "Quintanilla expressou seu desgosto através de suas águas-fortes e de sua atividade revolucionária. É natural que os burocratas civis e religiosos, os latifundiários e os exploradores industriais que recorreram ao exército, os políticos oportunistas e, especialmente, os guardas civis, esses cães fiéis guardiões dos proprietários, o tenham colocado na prisão para devolver o poder na Espanha à propriedade." Os dois romancistas não se conformavam em apenas ajudar seu amigo, mas, além disso, procuravam denunciar a forma como o governo havia esmagado a rebelião. "Não é bonito usar tropas mouras, bombardeiros e artilharia pesada sobre seu próprio povo e sobre suas cidades", escreveu Dos Passos a Malcolm Cowley, diretor do *New Republic*. Uma das cartas que, naquela altura, enviou a Robles revela, não obstante, o ceticismo que lhe inspiravam campanhas desse tipo. Embora nela diga ter assinado "vários protestos de Barbusse" e "uma petição no caso de Quintanilla", não crê que isso possa influir em Gil-Robles ou Lerroux, que em outra carta chama de "filho de uma cadela".

Para sua surpresa, as coisas saíram melhor do que o esperado. Em fevereiro de 1935, Dos informou a Edmund Wilson que Quintanilla havia sido "levado para uma fantástica cela que Juan March havia conseguido para si mesmo", e acrescentou: "Os boatos indicam que, dentro de seis meses, estará em liberdade." No final de maio, Quintanilla já estava em liberdade provisória e escreveu ao romancista uma longa carta em que informa sua nova situação e expressa seu agradecimento: "Você não poderia imaginar o que é ler, ao cair da tarde de inverno, em uma cela de prisão, onde só há humilhações e violências, o prólogo que vocês escreveram para o catálogo de minha exposição." O promotor havia reduzido seu pedido a quatro anos de prisão e o mais provável era que Quintanilla não tivesse que voltar à cadeia.

A inquietação de Dos Passos com relação ao pintor santanderino se reavivaria no verão do ano seguinte, quando chegaram aos Estados Unidos notícias de que havia sido assassinado por pistoleiros fascistas. Depois, soube-se que Quintanilla, que havia participado do assalto ao madrilenho quartel de La Montaña, estava vivo. A guerra civil espanhola acabava de explodir.

Capítulo 3

A preocupação de Dos Passos com o destino da República espanhola levou-o, no outono de 1936, a propor a criação de um serviço de notícias que informasse de maneira independente e verdadeira o desenrolar dos acontecimentos. Dos pensava que, apresentando aos norte-americanos a real situação espanhola, a administração Roosevelt se veria forçada a permitir a venda de armas ao governo. Naquela altura, eram poucos os que consideravam Dos Passos trotskista, embora seu nome figurasse entre os integrantes do Comitê Americano para a Defesa de Trotski. Em sua biografia do escritor, Virginia Spencer Carr demonstrou que essa inclusão ocorreu sem o seu consentimento, mas o compromisso de Dos Passos com as causas de esquerda continuava de pé. Ao ver frustrado o projeto do serviço de notícias, o romancista concebeu a idéia de rodar um documentário que mostrasse a precariedade das condições de vida do povo espanhol durante a guerra. Por esse motivo, associou-se a Lillian Hellman, Archibald MacLeish e Ernest Hemingway para constituir a empresa Contemporary Historians [Historiadores contemporâneos], que devia produzir o filme. Para dirigi-lo, falaram com o holandês Joris Ivens, que se encontrava nos Estados Unidos, a convite da Film Alliance, e tinha começado a trabalhar em um projeto para a Fundação Rockefeller. O responsável pela fotografia seria John Ferno, colaborador habitual de Ivens.

Tanto Ivens quanto Ferno eram militantes comunistas. Como contaria o próprio Dos Passos em *The Theme is Freedom*, pouco antes de embarcar com Katy no transatlântico que os levaria para a Europa, jantou em Nova York com o anarquista Carlo Tresca, que o advertiu de que seria ridicularizado: "*John, they goin' make a monkey outa you... a beeg monkey.*"* Quando Dos retrucou dizendo que Hemingway e ele tinham controle sobre o que ia ser filmado, Tresca desandou a rir e assinalou que Ivens era membro do Partido Comunista. Segundo ele, tudo o que vissem ou fizessem seria aproveitado pelo partido para seus próprios interesses. "Se, na Espanha, os comunistas não gostam de alguém, lhe dão um tiro", acrescentou.

As advertências de Tresca não alteraram os planos. Ivens se encarregaria da direção e Hemingway, com a ajuda de Dos Passos, do roteiro. Surgiram então as primeiras divergências entre os dois velhos amigos: enquanto Dos queria que *Tierra española* [*Spanish Earth*] fosse centrada nos problemas cotidianos das pessoas, Hem estava mais interessado em refletir a evolução da campanha militar. Como sugere Townsend Ludington, essas diferenças podiam encobrir outras, de natureza bem distinta: Hemingway acabava de iniciar seu relacionamento com Martha Gellhorn e é provável que seus sentimentos de culpa em relação à mulher, Pauline, se intensificassem diante da presença de Dos Passos e Katy, dois dos melhores amigos desta.

Nessa ocasião, Dos não viajava para a Espanha para escrever artigos ou fazer reportagens, mas para colaborar em um filme de propaganda da causa republicana. Apesar de tudo, boa parte da viagem pôde ser reconstruída graças, em primeiro lugar, aos textos que escreveu durante essas semanas para os meios de comunicação e que, no ano seguinte, reuniria em *Journeys Between Wars*, e em segundo lugar, ainda que com as lógicas reservas, à recriação romanceada que, ao final de sua vida, faria em *Century's Ebb*. Katy

---

*"John, eles vão fazer você de palhaço... um grande palhaço." (*N. da T.*)

e ele detiveram-se primeiro em Paris, onde Dos constatou que a sociedade francesa estava dividida entre os conservadores, temerosos do socialismo, e os esquerdistas, temerosos do fascismo. Assistiu ao funeral de um dos jovens mortos por integrantes da organização filofascista Croix du Feu, do coronel Casimir de la Rocque, falou com ultradireitistas que acusavam os governantes da Frente Popular de ser lacaios de Moscou, e foi ao Quai de Bourbon entrevistar Léon Blum, "um interlocutor claro e inteligente, que se antecipa, falando de outra coisa, quando seus lábios começam a formar a palavra Espanha". A questão da ajuda militar à República não pôde, por isso mesmo, ser sequer delineada.

Seguindo um conselho de Carlo Tresca, Katy não acompanharia o marido até a Espanha. No início de abril, Dos despediu-se dela e pegou um trem para Perpignan. No café da antiga Bolsa, encontrou grupos de homens com boinas empoeiradas que falavam catalão e anotou: "Mais espanhóis, uma numerosa população de refugiados andrajosos." Procurou o Café Continental e perguntou por seu dono. Este apresentou-o a um indivíduo que o fez passar a um quarto. Na parede havia um mapa da Espanha com as linhas da frente assinaladas com bandeirinhas. "Os nossos", disse o homem, indicando a zona republicana. Do Continental, saiu para subir no caminhão que devia levá-lo a Valência. O motorista era um comunista francês que, até perder dois dedos em um acidente de trabalho, havia sido tapeceiro. O caminhão transportava um carregamento de armas e telefones de campanha e, para conseguir entrar em território espanhol, tiveram que burlar alguns controles policiais.

Uma vez cruzada a fronteira, realizaram freqüentes paradas para encontrar as pessoas encarregadas de fornecer-lhes os vales de combustível. Em Gerona, Dos reparou que "as paredes estavam cobertas de proclamas de guerra" e "os vidros das lojas tinham sido reforçados com finas tiras de papel engomado". Depois de passar a noite em um hotel que estava sob controle da CNT,* partiram para Barcelona. A primeira coisa que fizeram foi tomar um café nas Ramblas, onde as lojas exibiam cartazes que anunciavam sua adesão à CNT ou à Generalitat.** Depois, deram várias voltas até encontrar uma escola transformada em depósito central de máquinas: era ali que deviam deixar a "carga de máquinas mortíferas". Retomaram a viagem e, ao passar por Sitges, pararam no bar de um amigo do motorista que "apoiava decididamente o governo de Valência e estava contra o de Barcelona e de todos os comitês e sindicatos locais". No caminho para Tarragona, graças "à luz dos faróis, projetando-se sobre as paredes pintadas de branco", viram cinco jovens que cruzavam o caminho diante do caminhão. "Havia algo estranho em sua forma de andar. A todos, faltava uma perna", escreveu Dos Passos. Mais tarde, deram carona a um miliciano que ia de licença para casa. Souberam que haviam ocorrido bombardeios em Tortosa e o miliciano exclamou: "Magnífico! Iremos a Tortosa e dormiremos tranqüilamente." Isso foi, na realidade, o que fizeram e, na manhã seguinte, despediram-se do miliciano em Castellón.

Quando chegaram a Valência, Dos observou que a cidade não apresentava um aspecto muito diferente do que tinha nas outras vezes que lá estivera: "Os vendedores ambulantes e os anúncios eram semelhantes aos da época da feira anual. A única diferença era o colorido dos uniformes militares e os rifles, as cartucheiras e os gorros com borlas dos milicianos. Em vez de corridas de touros, os cartazes anunciavam a guerra civil." Diante do "heróico Madri", falava-se então do "levante festivo" e a percepção de Dos Passos coincide, em linhas ge-

*Confederação Nacional dos Trabalhadores, de orientação anarquista, que tinha como núcleo principal a Catalunha. *(N. da T.)*

**Reúne as três instituições do governo catalão: o parlamento, o governo e o presidente. *(N. da T.)*

rais, com a de Salazar Chapela, que deixou escrito: "Unicamente identificávamos então a guerra por uma profusão nos homens de coletes de pele de carneiro, pela construção de refúgios públicos aqui e ali, por alguns sacos de terra colocados como proteção diante de portas e janelas, e pela passagem de um ou outro caminhão, quase sempre a noventa por hora, cheio de milicianos barbudos e armados."

Dos Passos e o motorista pararam diante do Hotel Internacional, perto da estação e ocupado, em grande parte, por integrantes das Brigadas Internacionais. Lá, o romancista despediu-se do companheiro de viagem, que devia entregar o caminhão e regressar a Paris de trem. Logo depois, foi até o Escritório de Imprensa Estrangeira para apresentar suas credenciais.

O escritório tinha sede no último andar de uma antiga e decadente mansão a que, nas palavras de Arturo Barea, se chegava por uma "suntuosa e suja" escada que, através de um vestíbulo "com as paredes forradas de brocado, descolorido pelos anos", conduzia a um labirinto de corredores e quartos "cheios de máquinas de escrever, de copiadoras, de carimbos, de montanhas de papel". Não muito diferente é a descrição que, em suas memórias, faz Constancia de la Mora, então subdiretora e, pouco depois, diretora do escritório: máquinas de escrever, desordenadas folhas de papel-carbono, sujas filipetas aqui e ali, paredes descascadas, mesas transbordando de cartazes de propaganda e jornais de todos os países do mundo... No meio dessa confusão, os funcionários preparavam pilhas de papéis, corrigiam artigos e procuravam endereços nos fichários, enquanto os correspondentes estrangeiros esperavam em uma salinha contígua, sentados em um sofá de encosto alto, que fazia jogo com as duas poltronas da casa.

Dos Passos achou o escritório "agradável, mas um pouco perturbador: como um clube. As pessoas encontravam velhos amigos e liam as folhas mimeografadas que informavam o que o governo queria que se soubesse". E acrescentou: "Obtêm-se também boatos. No seu interior, depois de uma sala de datilografia, em um quarto com pesadas cortinas, encontra-se o censor em pessoa, que tem aparência de coruja, com seus grandes óculos, sentado atrás de uma pequena mesa, sob uma luz azul." Pela descrição que Dos Passos faz, sabemos que foi recebido pelo diretor do escritório, Luis Rubio Hidalgo, de quem tanto Barea quanto Constancia de la Mora falam em seus respectivos livros autobiográficos. Se o retrato que Arturo Barea nos deixou de Rubio Hidalgo parece pouco sedutor ("um crânio lívido e calvo, com óculos sujos de armação de madrepérola"), tampouco Constancia de la Mora se esforçou em melhorá-lo: um homem de calvície incipiente, bigode pequeno e óculos azuis, cuja cor insalubre nada fazia exceto delatar a escuridão quase constante do escritório onde trabalhava.

Não é a primeira vez que o nome de Luis Rubio Hidalgo aparece nesta história: foi ele quem, um mês antes, deu oficiosamente a Coco Robles a notícia da mais que provável execução de seu pai. Naquela manhã de abril, um desconsolado Coco Robles saiu ao encontro de Dos no escritório e rapidamente colocou-o a par do ocorrido. Não é difícil imaginar a consternação do escritor norte-americano: as últimas notícias que tinha do amigo espanhol (a quem, "conhecendo seu saber e sua sensibilidade, considerava indispensável para o documentário") eram anteriores a seu desaparecimento. Essa consternação, por outro lado, não estava desprovida de uma certa incredulidade. E também de esperança: se a morte de Pepe Robles não havia sido confirmada oficialmente, cabia a possibilidade de considerá-la mais um "boato" entre os muitos que se ouviam em lugares como aquele. Dos Passos saiu da conversa com Rubio Hidalgo com a promessa de que, no dia seguinte, durante um almoço com jornalistas, poderia tratar pessoalmente do assunto com o ministro Álvarez del Vayo.

Nessa mesma tarde, foi visitar Márgara. A residência dos Robles em Valência já não era aquela em que Coco havia dado, no elevador, a trágica notícia a sua mãe e sua irmã. Há algumas semanas, por razões econômicas, haviam se mudado para um apartamento mais modesto. Apesar das dificuldades, Dos conseguiu encontrá-lo, e o ar desesperado de Márgara e a precariedade de suas condições de vida convenceram-no da gravidade da situação. Mais tarde, comentaria com Maurice Coindreau que achava que ela estava "muito doente, provavelmente com tuberculose em um pulmão". A inesperada aparição de Dos Passos foi para Márgara uma última esperança à qual se agarrar. Sendo ele quem era, as autoridades teriam que fornecer todas as informações que a ela haviam sido negadas uma após a outra: por que haviam detido seu marido, que acusações pesavam contra ele, se era verdade ou não que havia sido executado. Não é difícil imaginar a conversa que os dois mantiveram, e o próprio Dos Passos proporciona algumas pistas em *Century's Ebb*, onde José, Márgara, Coco e Miggie Robles aparecem respectivamente como Ramón, Amparo, Paco e Lou Echevarría. "Será que teria feito inimigos? Estava acostumado a falar com liberdade", perguntava a Amparo o *alter ego* do escritor, Jay Pignatelli, e ela responde: "Não ultimamente. Não o terias reconhecido. Tinha se tornado muito cuidadoso com o que dizia."

Sem dar nomes e incluindo, de forma deliberada, alguma leve imprecisão, Dos Passos escreveu sobre a tragédia dos Robles em um texto de *Journeys Between Wars*, em que evocava uma "mulher com seu filho, que dispõe apenas do necessário para pagar um quarto barato, sem ar, enquanto aguarda o marido. Não lhe disseram nada, levaram-no para interrogá-lo, algumas coisinhas a serem esclarecidas, tempos de guerra, não era preciso assustar-se. Mas passaram-se dias e meses sem notícias. As filas nos comissariados, os apelos aos amigos influentes, o terror crescendo lentamente e despedaçando a mulher". Um pouco mais adiante, rende-se aos piores presságios em relação à sorte de Pepe Robles e fala "das mil maneiras para declarar um homem culpado, a observação formulada rapidamente em um café e anotada por alguém, a carta que havia escrito no ano anterior, a frase rabiscada em uma caderneta de anotações, o fato de que um primo se encontrasse nas fileiras inimigas, e o estranho som que as próprias palavras causam nos ouvidos quando reproduzidas como acusação". E acrescenta: "Colocam um cigarro na sua mão e você caminha para o pátio, para enfrentar seis homens que jamais viu. Eles apontam. Esperam a ordem. Disparam."

Dos Passos estava hospedado na Casa da Cultura, um hotel (o Palace) que o governo havia colocado à disposição de alguns professores e escritores republicanos e que popularmente era conhecida como a Casa dos Sábios. O estado de ânimo do romancista o impediria de guardar boas recordações dela: "A entrada é triste; o jantar, uma melancólica função. É como estar de quarentena. Nos sentimos como baús colocados no desvão de alguém."

No dia seguinte, foi ao almoço com o qual Álvarez del Vayo homenageava os jornalistas estrangeiros no Grao, "o grande e velho restaurante da praia onde há anos... a *paella* era tão boa!" Dos Passos percebeu a "curiosa dicção sibilante" com a qual, fruto sem dúvida de seu acentuado prognatismo, o ministro pronunciou seu discurso em espanhol e francês, e registrou seu mal-estar quando escreveu: "O vinho é bom. A velha e famosa *paella* também. Mas, nos almoços oficiais, não se digerem os alimentos." Dos Passos havia encontrado com

Álvarez del Vayo no Ateneo, nos tempos em que este era um prestigiado jornalista de esquerda, mas nunca parecera muito simpático. Conseguiu abordá-lo ao final da refeição e o ministro insistiu em falar de *Tierra española*, a cuja equipe de filmagens estava disposto a conceder todas as facilidades. Mas Dos Passos queria tratar era do assunto Robles. Álvarez del Vayo deixou-o falar por alguns instantes. Depois, se disse "ignorante e desgostoso", prometeu investigar mais um pouco e despediu-se precipitadamente. O escritor o viu partir, rodeado de seu séquito de colaboradores.

Seria ignorância sobre o caso Robles, que havia sido um dos assuntos habituais da conversa entre os intelectuais deslocados para Valência? Seria ignorância, quando é mais que provável que Márgara tivesse recorrido a ele, pedindo auxílio? A alusão de Dos Passos à má digestão da *paella* poderia encobrir não apenas uma sensação de mal-estar, mas também um razoável ceticismo em relação aos desejos manifestados pelo ministro. Cumpriria ele a promessa de investigar um pouco mais? Fosse como fosse, Dos Passos decidiu prosseguir com suas próprias averiguações em Madri.

Deve ter sido nessa tarde que concedeu, ao correspondente da *Última Hora*, umas declarações que, no dia 19, apareceriam publicadas com o título: "*Els espanyols destruiran el feixisme a Europa i, per conseqüent, al món*".* Na entrevista, falava da viagem à Espanha ("foi muito agradável não ver pelos caminhos os tricórnios dos guardas-civis, que eram muito pitorescos mas tinham um ar demasiado sinistro") e das simpatias pela causa republicana que haviam manifestado artistas como Charles Chaplin, Clark Gable ou James Cagney. Depois, Dos Passos passeou pelo porto em companhia de uns jornalistas franceses e contemplou os barcos russos

*Em catalão: Os espanhóis destruíram o fascismo na Europa e, por conseqüência, no mundo. (*N. da T.*)

que transportavam armas para a República, "navios de carga com os nomes cobertos com tinta, que deslizam sem luzes através do bloqueio, os 'mexicanos', como são chamados".

Em algum momento, realizou-se o encontro mencionado: "Com um velho amigo que me levou para ver o lugar onde estavam depositados os quadros do Prado." Quem era esse velho amigo cujo nome Dos Passos omite? Ao que tudo indica, não era senão Luis Quintanilla, o artista santanderino para cuja libertação haviam contribuído Hemingway e Dos Passos, após a fracassada insurreição de Astúrias. Em abril de 1937, Quintanilla era membro da Junta de Expropriação e Proteção do Tesouro Artístico, criada pelo governo republicano com o objetivo de deixar bem guardadas as principais obras do patrimônio artístico nacional: isso explica seu fácil acesso aos armazéns onde estavam depositados os quadros do Museu do Prado. Mas, em abril de 1937, Quintanilla era também um espião. Devido à estreita amizade com Luis Araquistáin, embaixador da República em Paris, há alguns meses Quintanilla dedicava-se a recolher informação entre os núcleos de refugiados espanhóis no Sul da França (principalmente, Biarritz e Bayonne) e a transmiti-la ao governo através de uma rede de contatos de que fazia parte o cineasta Luis Buñuel. Suas visitas a Valência eram freqüentes. Lá se encontrava quando Dos Passos chegou à cidade e, embora este dê a entender que o encontro ocorreu à tarde, não se pode descartar a possibilidade de que tenha acontecido durante o almoço com Álvarez del Vayo, velho amigo de Quintanilla. De que falaram o pintor e o romancista enquanto passeavam entre os quadros, protegidos por lonas e bastidores? Indubitavelmente, de Robles, e Quintanilla recomendou ao angustiado Dos Passos que, quando fosse a Madri, falasse com seu irmão Pepe. Este, que em *Century's Ebb* aparece como Juanito Posada, trabalhava nos serviços de contra-espionagem republicanos, como integrante da

Brigada de Polícia do Agrupamento Socialista Madrilenho (e, a partir de agosto, do Serviço de Investigação Militar — SIM). Sem dúvida, Pepe Quintanilla poderia ajudá-lo a averiguar o ocorrido com Robles.

Após seu encontro com o santanderino, o norte-americano passou novamente a noite na Casa da Cultura e, pela manhã, foi até o Hotel Victoria: "Esse ninho de correspondentes, agentes governamentais, espiões, traficantes de munições e mulheres misteriosas, encontra-se agora vazio e silencioso." Diante do hotel, era esperado pelo hispano-suíço que a Generalitat tinha colocado à disposição de um "famoso jornalista francês" não identificado. A estrada que levava a Madri tinha aspecto bem melhor do que Dos Passos imaginou e os viajantes aproveitaram as paradas nos diferentes controles para descer e esticar as pernas. Não viram movimentos de tropas até chegarem às proximidades de Alcalá de Henares: "jovens com capacetes inadequados, caminhões e homens marchando em formação." O automóvel deixou-os diante do Hotel Florida, na praça de Callao. Ali, Dos Passos sentiu pela primeira vez a proximidade da linha de frente: "Enquanto acomodávamos a bagagem na calçada, nos detivemos subitamente. O ruído que se ouviu quando o motor parou era de metralhadoras."

O Florida era o hotel em que se hospedavam os correspondentes e escritores estrangeiros, entre eles Hemingway, que gostava de passear com um singular uniforme cáqui e lustrosas botas de cano alto. A primeira pessoa conhecida que Dos Passos viu no hotel foi Sidney Franklin, toureiro do Brooklyn e bom amigo de Hemingway, que havia viajado de Valência em companhia de Martha Gellhorn. O encontro entre os dois escritores foi desagradável. Hemingway perguntou quanta comida ele carregava e reagiu com indignação, quando o viu tirar quatro tabletes de chocolate e quatro laranjas: "*We damn near killed him.*"* Persistia entre os dois a animosidade que já havia começado a se manifestar em Nova York, e a exaltação com que Hemingway vivia a experiência da guerra, tão distante da sensibilidade pacifista de Dos Passos, não parecia que pudesse contribuir para melhorar as coisas.

Dos Passos não demorou a retomar suas investigações sobre a sorte de Robles. Naturalmente, uma das pessoas com quem conversou foi Pepe Quintanilla, que, de acordo com o que diz em *Century's Ebb*, tinha escritório no prédio da Telefônica, na Gran Via madrilenha. O sobrinho de Pepe e filho de Luis, Paul Quintanilla, escreveu na biografia do pai: "Pepe disse-lhe que sim, que conhecia os pormenores do caso, mas que careciam de importância, e que ele, Dos Passos, não tinha que continuar as investigações." Dos Passos não se deu por satisfeito com esta resposta e prosseguiu, mas todas as pessoas com quem falava se limitavam a assegurar que seu amigo teria um julgamento justo. Ninguém, na verdade, sabia dar notícias precisas sobre seu paradeiro, e Dos, que ainda alimentava a esperança de que Robles estivesse preso e não parava de revisar listas, suspeitava que ao seu redor estava sendo urdida uma conspiração de silêncio e mentiras. Algum tempo depois, recordaria que suas constantes indagações desagradavam várias das pessoas com as quais colaborava no projeto do documentário: "O que é a vida de um homem num momento como este? Não devemos permitir que nossos sentimentos pessoais nos dominem..." Entre essas pessoas, encontrava-se, sem dúvida, Hemingway. A antiga amizade entre eles estava a ponto de se romper.

Não muito longe do Hotel Florida, o arranha-céu da Telefônica ("*the proud New York baroque tower of Wall Street's International Tel and Tel,*** símbolo do poder colonizador do dólar") tinha se

*"Diabos! Nós quase o matamos." *(N. da T.)*

**"a orgulhosa torre barroca nova-iorquina da International Tel and Tel, em Wall Street". (*N. da T.*)

convertido no emblema da defesa da cidade. "Cinco meses de bombardeios lhe causaram, na realidade, muito pouco dano", escreveu Dos Passos. Nesse edifício, além do escritório de Pepe Quintanilla, estava a sede madrilenha do Escritório de Imprensa Estrangeira, onde o romancista encontrou "um espanhol cadavérico e uma mulher austríaca pequena e roliça, de voz agradável", que eram Arturo Barea e sua companheira, Ilsa Kulcsar. Barea, que ainda não havia publicado nenhum livro, fora contratado por Luis Rubio Hidalgo nas primeiras semanas da contenda. Em seguida, este seguiu o governo republicano até Valência e Barea teve que assumir o escritório madrilenho e os escassos cinco empregados que permaneceram na capital. Mas, em novembro de 1936, apareceu Ilsa, uma veterana socialista que viajara até a Espanha para participar da luta contra o fascismo e ajudou a reorganizar o serviço de censura e imprensa estrangeira. O abandono em que tinha ficado o departamento deu margem a uma luta surda por seu controle. Prova disso é o fato de que o enviado do *Pravda*, Mikhail Koltsov (homem de grande autoridade, embora Koestler o descreva como "de baixa estatura, magrinho, de aspecto insignificante, de gestos pausados e olhos descoloridos"), tenha se apresentado no escritório e ameaçado Barea: "Isto é uma vergonha. Quem quer que seja responsável por este tipo de sabotagem merece que o fuzilem." Entre essas tensões e um trabalho que o ocupava durante 18 horas diárias, a saúde física e mental de Barea ressentiu-se gravemente: não é de estranhar que Dos Passos o retratasse como "um homem nervoso, malnutrido e maldormido".

Quando escreveu isso, não podia imaginar até que ponto suas impressões estavam certas. Um dia antes, um obus havia entrado no quarto de Barea no Hotel Gran Vía e reduzido os sapatos de Ilsa a um monte de pedaços de couro retorcidos e chamuscados. E, ao subir em um automóvel, encontrou um pedaço ainda trêmulo de cérebro humano preso ao vidro. Isso, junto com os bombardeios de que foi testemunha da janela de seu quarto, provocou-lhe um colapso nervoso que durante algumas semanas o manteve praticamente incapacitado para o desempenho de sua missão. Aquela tarde no Escritório de Imprensa, enquanto Dos Passos o presenteava com um exemplar de *Paralelo 42* com dedicatória, Barea estava a ponto de afundar no que mais tarde seria diagnosticado como um *shell shock* ou síndrome dos bombardeios, que costuma incluir febre e vômitos, mas também pesadelos, alucinações, ataques de pânico: "As pessoas e as coisas ao redor de mim se desvaneciam e contorciam em formas fantasmagóricas, logo que perdiam o contato direto comigo. Me aterrorizava estar em um quarto sozinho e me aterrorizava estar na rua, entre as pessoas." Seu lastimável estado, sem dúvida, não o impediria de recordar em *La forja de un rebelde* seu encontro e de Ilsa com Dos Passos: "um hóspede a quem eu queria e respeitava, que falava de nossos camponeses com uma compreensão gentil e profunda, olhando-nos, um e outro, com seus olhos castanhos, inquisitivos."

O curioso é que o desmoronamento de Barea se produziu enquanto Ilsa e ele recebiam uma delegação de damas britânicas, encabeçada pela duquesa de Atholl, e que Dos Passos fosse mencionar essas mesmas senhoras em um de seus textos sobre esses dias. Barea e Ilsa foram encarregados de organizar para elas umas jornadas de "turismo de guerra", que incluíam uma excursão por Madri bombardeada, uma visita à frente de batalha, uma recepção oficial oferecida pelo general Miaja... Quando o gerente do hotel avisou do incêndio que o obus havia causado em seu quarto, as damas subiram com eles e manifestaram a Ilsa sua consternação pela perda dos sapatos. O episódio sobre o qual escreveu Dos Passos também ocorreu no Hotel Gran Vía, concretamente no restaurante subterrâneo, onde os correspondentes costumavam reunir-se para ingerir seus tristes cardápios do racionamento. Nas mesas, havia também milicianos, brigadistas de faz-de-conta, algumas "jovenzinhas da brigada do prazer" e um homem bêbado que, ao ver a comida oferecida à duquesa e às outras damas, protestou de forma tão veemente que os garçons apressaram-se a servir aos demais umas rações de peixe com espinafre.

Em seu livro autobiográfico, Barea deixou escrito: "Convites no bar do Gran Vía, convites no bar Miami, convites no bar do Hotel Florida." Esse era o ambiente em que se moviam os jornalistas e escritores estrangeiros, que praticamente não saíam de "um círculo entre eles, em uma atmosfera sua, rodeados de um coro de homens das Brigadas Internacionais, de espanhóis ansiosos por notícias e de prostitutas atraídas pelo dinheiro abundante e fácil". Esse foi também o ambiente que Dos Passos conheceu durante aquela permanência em Madri. Seus textos desse mês de abril, incluídos em *Journeys Between Wars*, refletem seus passeios pela cidade sitiada: a primeira barricada de defesa, muito próxima ao hotel; a barricada seguinte, em que um sorridente sentinela cubano pediu seu salvo-conduto; as trincheiras com sacos de terra da praça de Espanha, onde, em uma das esquinas, um grupo das Brigadas Internacionais esperava comida... Depois: "Abre-se uma porta de vidro e se encontra com... a linha de frente! A porta de vidro se abre para o espaço e, aos nossos pés, há uma fonte cheia de pedaços de alvenaria e móveis destruídos, logo depois a avenida deserta e, do outro lado, cruzando o Manzanares, uma magnífica visão do campo inimigo." É provável que, nessa ocasião, tenha ocorrido um dos encontros com Hemingway que menciona em *Century's Ebb*. Segundo Dos Passos, Hemingway saíra para dar um temerário passeio pela linha de frente em companhia de um cientista inglês. Os dois estavam ao alcance dos tiros da artilharia franquista e, quando um cabo do exército republicano reprovou sua imprudência, eles se afastaram com um caminhar majestoso. Muito pouco tempo depois, Dos Passos encontrou-os "vaidosos como pavões". Se não haviam disparado contra eles é porque era hora de comer e, ao menos em teoria, os soldados espanhóis esperavam terminar o almoço antes de voltar a atirar.

Em outra de suas caminhadas, Dos Passos não pôde deixar de registrar que o Hotel Alfonso (onde havia se hospedado com Katy no verão de 1933) havia recebido tantos impactos de obus que parecia um queijo suíço. E, em outra, topou com "a divisão de O Camponês, com seus novos uniformes de cor cáqui, desfilando com as bandeiras, os canhões e os veículos italianos capturados em Brihuega".

Poucas vezes saiu de Madri. A mais importante foi a visita ao quartel que as Brigadas Internacionais mantinham no antigo castelo do duque de Tovar, na província de Guadalajara. Junto com outros correspondentes, Dos Passos foi convidado para a cerimônia em que se celebrava a criação de uma nova brigada, formada a partir da antiga Brigada 15. Além de vários altos funcionários do Ministério da Guerra, estiveram presentes o general Walter, Miaja, Líster, o coronel Vermelho. Passaram em revista as tropas, pronunciaram discursos em espanhol, francês, alemão e russo e, ao final, a bailarina Pastora Imperio e a cantora Pastora Pavón ("A Garota dos Pentes"), a quem Hemingway homenagearia em *Por quem os sinos dobram*, se apresentaram para os soldados ali reunidos. "Foi uma festa bastante angustiada, com aplausos, desfiles, o *Himno de Riego*, as disputas entre os jovens chefes que, em suas vidas privadas, haviam sido carpinteiros ou estivadores ou ferreiros", como relata em *Century's Ebb*.

María Teresa León fala, em *Memoria de la melancolía*, de uma foto feita na linha de frente, em que aparecem ela, Dos Passos, Alberti, Hemingway e o general Walter, "aquele que depois mata-

ram, justamente quando entrava vitorioso em Varsóvia, depois de beijar a terra duas vezes sua". Foi nesse dia que a foto foi tirada. Fazia pouco tempo que Alberti e Maria Teresa haviam regressado de Moscou e é provável que Dos Passos e o poeta gaditano tivessem se encontrado anteriormente em Madri. O certo é que, onde quer que tivesse ocorrido o primeiro encontro, o trágico destino de Robles Pazos foi o assunto de boa parte de sua conversa.

Recordemos que, antes da chegada de Dos Passos à Espanha, Rafael Alberti já havia recorrido "às autoridades" pelo mesmo motivo. Parece, de todo modo, que as simpatias mútuas eram limitadas. Já em uma carta de 1934, Dos Passos havia se referido ao andaluz com certa displicência: "Já contei que recebi as poesias de Alberti? É um rapaz simpático, mas francamente não te parecem um pouco fracas suas poesias? Se todos os jovens sem talento se tornarem revolucionários, não teremos Revolução até o Juízo Final." Agora, que Alberti havia se convertido em uma das estrelas mais brilhantes do comunismo espanhol, as antigas reticências de Dos Passos deviam ter se fortalecido e isso não podia ser ignorado nas queixas de Márgara sobre o comportamento de alguns velhos amigos de seu marido que, em condições de poder ajudá-la, sequer haviam se interessado por sua situação. A que velhos amigos eram principalmente dirigidas essas queixas? Àqueles que, com o crescente poder do Partido Comunista, tinham adquirido notoriedade e influência: um deles era o então subsecretário do Ministério da Instrução Pública, Wenceslao Roces; outro, o próprio Alberti, que, quando Dos Passos estava quase descobrindo a trágica sorte que o destino concedera a Robles, era recebido no Kremlin. A imprensa comunista deu grande relevância a essa recepção. No dia após a festa da Brigada 15, Dos Passos pôde ler as declarações de Alberti ao diário *Ahora*, órgão das JSU (Juventudes Socialistas Unificadas, controladas de fato pelos comunistas): "Tenho uma grande fé — nos disse o camarada Stalin — na juventude espanhola." E, quatro dias depois, é possível que tenha lido também o artigo que María Teresa León publicou, nesse mesmo jornal, sobre a calorosa acolhida dispensada no Kremlin a ela e seu marido. Desse mesmo período é a meia página que *Mundo Obrero* lhe dedicou, em que Alberti analisava a figura de Stalin, "tão nobremente humano", "tão sinceramente afetuoso".

A foto de que fala María Teresa León deve ser a última que Dos Passos e Hemingway tiraram juntos, já que a ruptura entre eles praticamente se consumou nessa mesma tarde. Entre os outros correspondentes que assistiram à celebração militar, estava a escritora Josephine Herbst que, em *The Starched Blue Sky of Spain*, nos deixou a mais completa versão sobre o ocorrido. Como os outros, Josie Herbst se hospedava nesses dias no Florida e Dos Passos a menciona de forma indireta em uma de suas crônicas espanholas — aquela em que relata uma madrugada de bombardeios no hotel. Pelas notícias que nessa altura Hemingway enviava para a North American Newspaper Alliance (NANA) — Aliança Norte-Americana de Jornais —, podemos imaginar as conseqüências desses bombardeios, como o cadáver do homem que jazia com a roupa rasgada e empoeirada junto a "um monte de escombros e um buraco grande na calçada, por onde escapava gás, causando a impressão de uma miragem no fresco ar da manhã". Dos Passos viveu o bombardeio no interior do hotel: "Novamente esse chiado, esse estrondo, esse ruído, esse barulho de uma bomba explodindo em algum lugar. Depois, outra vez o silêncio, só interrompido pelos débeis grunhidos de um cachorro ferido e, aos poucos, de um dos tetos de baixo vai subindo uma mancha de fumaça amarela que se torna cada vez mais espessa e se espalha pelo ar sereno." Os projéteis seguem caindo e, no meio da confusão e das correrias de hóspedes ainda colocando as roupas, "uma romancista de Iowa completamente vestida" se encarregou do café e distribuiu-o em copos, entre as pessoas que a rodeavam.

Josephine Herbst nascera em Sioux City, Iowa, em 1892. Em 17 de abril, depois que as bombas despertaram intempestivamente os hóspedes do hotel, Hemingway convidou-a para tomar um gole de conhaque em seus aposentos, no quarto andar. O romancista, aproveitando a antiga amizade de Josie com Dos Passos, queria que falasse com este e o dissuadisse de continuar buscando informações sobre Robles. Mas ela já sabia que Robles estava morto: já haviam admitido isso confidencialmente em Valência, onde havia preocupação com o zelo investigador de Dos. Temiam que "pudesse se voltar contra sua causa, se descobrisse a verdade, e acreditavam que poderiam evitar que prosseguisse em suas apurações enquanto estivesse na Espanha". O problema era que Josie, para proteger o anonimato de seu informante, tinha jurado manter segredo. Agora, entretanto, parecia-lhe injusto manter Dos em sua "angustiada ignorância", e confidenciou a Hemingway: "O homem já está morto. Quintanilla deveria ter dito isso a Dos." Hemingway foi pego de surpresa com a notícia. Que podiam fazer? Dizer a verdade, naturalmente. Mas, como Josie havia prometido não fazer isso, Hemingway decidiu que diria ele mesmo, quando se apresentasse a ocasião, e que afirmaria ter sabido através de "alguém de Valência, que estava de passagem e cujo nome não devia ser revelado".

Nesse mesmo dia, ia ser celebrada a festa da Brigada 15. Rafael Alberti e María Teresa León estavam encarregados de convidar os escritores norte-americanos. Apesar de sua admiração por *Sobre los ángeles*, Josephine Herbst não pôde evitar sentir-se aborrecida na presença do casal. Sua animação e disposição para as fofocas, "que fluíam com uma vivacidade de canários alegres", não condiziam com seu estado de ânimo. Teria preferido ser poupada da companhia do poeta, com suas "reluzentes botas militares e sua máquina na mão, louco para organizar fotos do grupo para, no último momento, confiar a câmera a qualquer um e posicionar-se com um pulo no centro". O almoço foi em um salão decorado com retratos dos antepassados do duque de Tovar. Na hora do café, Hemingway já havia falado com Dos Passos e este, com um copo na mão, aproximou-se de Josie Herbst e, "com a voz alterada, perguntou por que não podia ver o homem que havia levado a notícia, por que não podia falar com ele". A única coisa que a escritora conseguiu dizer foi que esperasse chegar a Valência e lá tentasse averiguar um pouco mais, através de pessoas como Álvarez del Vayo.

O casal Alberti e os três escritores norte-americanos voltaram a Madri no mesmo carro. Exceto pelos "gorjeios" com que María Teresa tentava suavizar a tensão, a viagem realizou-se em meio a um completo silêncio. Quando o automóvel se deteve diante do hotel, Hemingway e os Alberti deixaram-no precipitadamente. Antes de se recolherem em seus respectivos quartos, Herbst e Dos Passos deram um passeio noturno pela praça Mayor.

Este é, em síntese, o relato de Josephine Herbst. A interpretação que, em *El fin de la inocencia* [*Double Lives*], Stephen Koch apresenta é bem diferente. Koch parte nada menos que da suposição de que "a agente soviética" Herbst foi "enviada à Espanha para vigiar e controlar as celebridades norte-americanas em Madri". Segundo ele, Josephine Herbst, que teria saído de Valência após uma reunião de consulta com seus colegas da polícia secreta do aparelho, "organizou a humilhação e o descrédito públicos de seu querido amigo John Dos Passos, enquanto fazia circular a mentira de que o íntimo amigo de John na Espanha era um espião fascista fuzilado por isso". Com essa finalidade, sempre segundo Koch, urdiu um plano que consistia em escolher o momento e o lugar adequados para a revelação ("uma importante reunião de russos e alemães famosos"), assim como o emissário ideal, Hemingway, cujo "lado sádico" viu despertar "com extraordinário interesse". Tudo seria pois uma estudada e eficaz encenação, e o aparelho, que "havia decidido conquistar Hemingway e, ao mesmo tempo, desacreditar um Dos Passos demasiadamente intrometido", teve que felicitar efusivamente Herbst por ter sabido criar "a impressão pública de que Hemingway era uma pessoa politicamente responsável, ao contrário de John Dos Passos".

Um simples confronto das versões de Herbst e Koch demonstra a alegre irresponsabilidade com que este último deforma as informações para adaptá-las a suas fantasias (ou simplesmente a sua desinformação: chama Robles Pazos sempre de Robles Villa). Os detalhes com que adorna a história falam por si mesmos. Basta citar a forma como "Hemingway abriu passagem até John, entre as pessoas que se amontoavam em torno deles, e fez o anúncio, o mais mordazmente possível", da notícia da morte de Robles, enquanto "Herbst observava a uma certa distância, anônima e segura, como seu trabalho produzia o desejado e cruel efeito". O mais mordazmente possível? Cruel efeito? A tergiversação que Koch faz do relato original não dá a menor trégua, mas sua meticulosa traição a qualquer idéia de objetividade nunca chega a ser tão alarmante como quando decide dar asas à imaginação e fornece, aqui e ali, informações que não passam de meras conjecturas. Herbst e Hemingway, por exemplo, teriam combinado que a fonte da notícia seria um suposto "correspondente alemão". Na festa da Brigada 15, passando-se às vezes por correspondente alemão, teria comparecido nada menos que Otto Katz, um dos chefes da propaganda comunista, a quem Koch tantas vezes alude em seu livro... Que provas traz este para demonstrar que Katz, "mentor, professor e possivelmente controlador" de Josephine Herbst, "vagava por lá, observando a cena"? Absolutamente nenhuma e, de qualquer maneira, ainda que fosse verdade que Katz tenha estado na festa, isso tampouco demonstraria qualquer coisa. Que haveria de estranho, tratando-se de uma celebração das Brigadas Internacionais?

A versão de Koch teria algum fundamento se Josie Herbst fosse verdadeiramente uma agente soviética. Para decepção de Koch, isso não é verdade. Embora ele mesmo reconheça não ter visto "documento algum que prove ou negue" suas conjecturas (outra vez, as conjecturas), elas se baseiam em dois fatos. O primeiro é que, ao que parece, o aparelho comunista teria confiado em algum momento ao marido de Josie, um pouco conhecido escritor chamado John Herrmann, uma missão de espionagem. O segundo é que a própria Herbst, por seu suposto filocomunismo, seria despedida de uma agência de inteligência norte-americana em 1942, que havia passado a integrar após o bombardeio japonês sobre Pearl Harbor.

Ambos os fatos estão perfeitamente estudados na biografia de Josephine Herbst que Elinor Langer publicou, no início dos anos 80. Nada nessa biografia induz a crer que Herbst fosse o que em *El fin de la inocencia* se afirma e, também nesse caso, chamam atenção os esforços de Koch por deformar a realidade, de modo que acabe justificando sua peculiar caça às bruxas. No caso de Herrmann (de quem, na prática, Josie havia se separado em 1932), Langer conta que, entre 1934 e 1935, interveio no "transporte de materiais entre funcionários do partido em Washington e funcionários do partido em Nova York". Que materiais eram esses? De acordo com todos os indícios, documentos sobre os programas oficiais de desenvolvimento agrícola que os comunistas norte-americanos pretendiam usar para seus próprios interesses políticos. Em resumo: a destacada figura da espionagem soviética que Koch crê ter identificado em Herrmann não era mais que um simples fofoqueiro do partido.

Com relação ao segundo ponto, a investigação de Elinor Langer não é menos esclarecedora. No final de dezembro de 1941, Josephine Herbst começou a trabalhar no Escritório do Coordenador de Informação (ECI),* uma agência independente de inteligência que, entre outras funções, tinha a de organizar emissões de propaganda radiofônica para os países com os quais a América do Norte havia entrado em guerra. Josie, que falava perfeitamente alemão, fazia parte da equipe de roteiristas para as transmissões nesse idioma e, na verdade, o FBI abriu uma investigação sobre ela para determinar a natureza de suas relações com o Partido Comunista e com a URSS. A investigação concluiria com a desculpa oficial de Herbst (detalhe que, por certo, Koch se encarrega primorosamente de ocultar), mas naquela altura o então diretor do ECI já a havia dispensado. Os agentes do FBI coletaram numerosos depoimentos sobre as atividades políticas de Josie e o mais curioso é que entre os informantes confidenciais que a acusaram estava outra conhecida escritora da época. Em maio de 1942, a imaginativa Katharine Anne Porter viajou para Reno, Nevada, para obter o divórcio de seu quarto marido, e lá, convenientemente protegida pelo anonimato, testemunhou contra

*Oficina del Coordinador de Información (OCI), no original. (*N. da T.*)

Josephine, que havia sido sua "amiga" e continuaria sendo alguns anos mais. Em seu livro, Elinor Langer não só revela de forma incontestável a identidade da informante como também reproduz sua declaração perante as autoridades federais, para depois afirmar o que havia de verdadeiro e falso em suas acusações e desmontar a mais comprometedora delas: a de que Josie havia desempenhado o papel de correio, a mando do governo soviético.

Pelo visto, as mentiras de Katharine Anne Porter, que nem sequer mereceram credibilidade dos investigadores do FBI, pareceram verossímeis a Stephen Koch, e o retrato que faz de Josephine Herbst é não só delirante como também ofensivo. Não é de estranhar que, pouco antes da publicação de *El fin de la inocencia*, a própria Elinor Langer tenha se apressado a refutar suas afirmações em *The Nation*. Como disse nesse artigo, o livro de Koch "é um ataque à integridade de toda uma geração de intelectuais ocidentais surgida depois da Revolução Russa".

O trabalho de Langer demonstra, de qualquer forma, que a versão de Herbst sobre o que ocorreu no dia 17 de abril no antigo castelo do duque de Tovar é confiável. Naquela noite, Josie e Dos foram dar um passeio pela praça Mayor. Solitários e tristes, pela velha Madri bombardeada, tinham mais coisas em comum do que podiam imaginar. O que haviam visto e vivido na Espanha nesses dias condicionaria a posterior evolução ideológica de ambos. Da transformação de Dos Passos, já conhecemos os primeiros sintomas. Com relação à de Herbst, basta citar Langer, quando diz que, em sua volta da Espanha, "deu por terminadas suas conexões com o Partido Comunista. Havia tomado conhecimento de coisas demais. Como nunca havia se filiado, não deu caráter público a sua renúncia nem realizou outros atos públicos, mas deixou de ver as pessoas com as quais antes estivera vinculada; em seu foro íntimo 'rompeu' e nunca mais voltou a ter atividades políticas".

Dois anos depois, Dos Passos escrevia a Herbst para dizer, em relação à madrugada do bombardeio: "Sempre recordarei o quão humana parecias e agias naquela manhã, no velho Florida; em meio a muitas circunstâncias deprimentes, foi a única coisa que me fez sentir bem." Entre essas circunstâncias estava, certamente, a morte de Robles, que Dos Passos concluíra ser verdadeira, antes que Hemingway acreditasse estar revelando-a. Se nos guiássemos pelo que conta em *Century's Ebb*, teria sido Pepe Quintanilla quem teria dito. "Fuzilaram-no", diz Juanito Posada (Pepe Quintanilla), enquanto bebem uísque, e logo acrescenta: "Cuidarei para que ninguém importune sua mulher e seus filhos... Prometo... Mas, de agora em diante... silêncio." Do mesmo modo, em uma carta ao diretor publicada no *New Republic* em 1939, Dos Passos deixou escrito que a execução de Robles não havia sido confirmada por Hemingway, mas por um tal Carlos Posada (curiosa coincidência), a quem havia conhecido em 1916 e que, em 1937, era um dos responsáveis pela contra-espionagem em Madri (como Posada-Quintanilla).

Desta forma, parece razoável pensar que, antes de assistir à festa da Brigada 15, Dos Passos já sabia do ocorrido, o que faz crer que sua ruptura com Hemingway não estivesse ligada ao fato de este lhe ter dado a trágica notícia. Sua ruptura teve a ver com a escassa sensibilidade que Hemingway demonstrou em relação à dor humana: aquilo era uma guerra, que importava a vida de um homem? Nas palavras de Josephine Herbst: "Dos odiava a guerra em todas as suas formas e sofreu em Madri não só pelo destino de seu amigo, mas também pela atitude de certas pessoas que consideravam a guerra um esporte." Cabe uma alusão mais transparente a Hemingway, a quem a guerra havia proporcionado a ocasião perfeita para o exibicionismo e a arrogância?

Dos Passos saiu de Madri pouco depois da festa da Brigada 15. Embora outros depoimentos contradigam tais acusações, Hemingway colocaria mais tarde em questão o valor de seu ex-amigo: "Enquanto o hotel era bombardeado, Dos fez suas malas e saiu fugindo em direção à França." Entretanto, como Hemingway sabia, a abrupta partida de Dos Passos não se deveu à covardia, mas à consternação causada por tudo o que havia descoberto. Em uma carta de julho de 1939, explicaria: "Quando meus amigos americanos começaram a ladrar, decidi que permanecer mais tempo na Espanha não só é inútil, mas também pode ser perigoso para algumas pessoas próximas a mim."

Aqueles que haviam calado sobre o assassinato de Robles o fizeram por dois motivos: em primeiro lugar, porque queriam evitar sua utilização na propaganda contra a República; em segundo lugar, por medo, porque confiar a Dos Passos a verdade poderia colocá-los em perigo. O romancista norte-americano não havia conseguido saber grande coisa sobre o amigo espanhol, mas suas indagações tinham se tornado mais uma das fontes desse medo: o amplo sistema parapolicial e penitenciário nas mãos da NKVD, a polícia secreta soviética.

Passados os primeiros momentos da contenda, em que foram várias as organizações de esquerda que dispuseram de cárceres provisórios, a NKVD desenvolveu uma rede de prisões para disciplinar (ou, diretamente, liquidar) os integrantes das Brigadas Internacionais. Admitida por este motivo a uma condição de extraterritorialidade (e à margem de todo controle e toda aparência de respeito à legalidade), seu criador havia sido o chefe da NKVD na Espanha, Alexander Orlov. A rede não era formada apenas por *checas** e prisões, mas contava inclusive com um crematório pró-

---

* *Checa* — Comissão Extraordinária de Combate à Contra-revolução e à Sabotagem (1), como eram chamados "os comitês de polícia secreta na Rússia soviética ou organismos semelhantes que funcionaram em outros países e que não respeitavam os direitos humanos" (2).

(1) Tradução extraída do livro *Beria, o lugar-tenente de Stalin*, de Amy Knight (Record, 1997).

(2) Definição fornecida pelo *Diccionario de la lengua española*, da Real Academia Española (21ª edição). (*N. da T.*)

prio para os cadáveres e, segundo Stanley G. Payne, "um crescente número de espanhóis dissidentes" foi encarcerado e executado nesses locais, junto a cidadãos de outras nacionalidades. Fazia parte desse sinistro sistema penitenciário o Cárcere de Estrangeiros, onde Márgara tinha visitado em duas ocasiões seu marido? De acordo com o depoimento de Miggie Robles, a prisão estava situada junto ao leito do Turia. Também perto do Turia, onde atualmente se encontra o Museu Fallero, estava a penitenciária de Monteolivete, que no pós-guerra se converteria em Prisão Militar. Existe, pois, a possibilidade de que esse cárcere para brigadistas ficasse localizado nas dependências de Monteolivete, mas isso não muda as coisas: o letreiro, a visão de Miggie e de todos os que passavam por sua frente reforçam a hipótese de extraterritorialidade penitenciária.

A última crônica madrilenha de *Journeys Between Wars* recria a saída de Dos Passos da cidade. Ao passar junto à fonte de La Cibeles, duas bombas explodiram em algum lugar de La Castellana. O automóvel seguiu em direção à porta de Alcalá e passou junto a um "café agora fechado, em frente ao edifício dos Correios e sob as árvores": "Na última vez que estive em Madri me sentava nas tardes de verão, a conversar com amigos, alguns dos quais acabam de morrer." O café, certamente, era La Granja del Henar, e o plural de "amigos" não ocultava a alusão a Robles Pazos, com quem tantas tertúlias havia compartilhado nas mesinhas da rua de Alcalá. Com essa referência cifrada, Dos Passos se despedia ao mesmo tempo de Madri e do amigo morto.

Talvez seja este o momento de perguntarmos por que assassinaram José Robles. Essa mesma pergunta continuou se fazendo durante muito tempo Dos Passos, que, no início de novembro, escreveu uma carta a Henry Carrington Lancaster, na qual dava por "certo que Robles foi fuzilado por alguma razão pelos comunistas da GPU (a NKVD) e ninguém se atreve a abrir a boca a respeito do assunto. Por que foi fuzilado?" E dizia: "Ainda tenho esperança de investigar." Uns meses antes, em julho, Márgara também escreveu para Lancaster para dizer que "um fatal equívoco ou talvez uma vingança pessoal" pareciam as únicas explicações possíveis para a morte de seu marido.

Provavelmente, as razões últimas nunca chegarão a ser conhecidas, mas podemos desmontar algumas das mentiras com que se quis alimentar as acusações de traição contra Robles. Entre elas, estava a ajuda que supostamente havia prestado ao irmão Ramón para que passasse à chamada zona nacional* e se incorporasse ao exército rebelde. Uma simples olhada em sua folha de serviços basta para desmenti-la. Quando houve a rebelião militar, Ramón Robles Pazos, dois anos mais jovem que Pepe e veterano da guerra da África, tinha o posto de capitão na arma da Infantaria e encontrava-se de férias em Madri. Boa prova de sua orientação ideológica nos proporciona o fato de que, em 21 desse mesmo mês de julho, tentou chegar a Toledo para contribuir para a defesa de Alcázar, que tanta carga simbólica acabaria tendo para o bando franquista. Não conseguiu. Foi detido em Getafe e levado para uma *checa* madrilenha, a do Passeio das Delícias, da qual saiu na mesma noite. O irmão mais velho interveio para sua rápida libertação? É possível. O que parece certo é que Pepe tratou de convencê-lo de que se colocasse a serviço da República, nesses momentos tão necessitada de oficiais.

*Franquista. *(N. da T.)*

Fosse qual fosse o compromisso assumido por Ramón, ele conseguiu passar inadvertido durante quase três meses, com Madri sitiada, e no dia 16 de outubro foi novamente detido "por não prestar serviço de nenhuma espécie". Levado ao comissariado de Buenavista, na rua Hermosilla, persistiu em sua oposição a "servir nas fileiras do Exército Vermelho" e, quatro dias depois, foi recolhido no Cárcere Modelo, de onde sairia em 17 de novembro para ser levado para o de Ventas. Lá permaneceria preso até que, em 26 de janeiro seguinte, após reiterar sua negativa e ser processado por discordar do regime, conseguiu a liberdade provisória. As datas não permitem discussão: a essa altura, fazia mais de dois meses e meio que Pepe Robles havia deixado Madri e aproximadamente um mês e meio que havia desaparecido do apartamento de Valência. Era difícil, portanto, que tivesse ajudado o irmão em uma fuga que sequer havia ocorrido.

A fuga, de fato, não se produziria até muito mais tarde. Em 28 de janeiro, apenas dois dias depois de sua libertação, Ramón buscou refúgio na Embaixada do Chile, onde encontrou o escritor falangista Rafael Sánchez Mazas. No dia 19 do mês seguinte, conseguiu ser transferido para a Embaixada da França, onde permaneceu 11 meses. Em 18 de janeiro de 1938, "sempre sob a proteção da França", vários jovens em idade militar foram retirados da embaixada e conduzidos em automóvel até a estação ferroviária de Tembleque, na província de Cuenca, de onde empreenderam viagem até a localidade costeira de Caldetas, perto de Barcelona. Dois meses depois, Ramón conseguiu embarcar em um destróier francês que estava fundeado a uma milha da praia e chegar a Port-Vendres, primeiro porto do outro lado da fronteira. Passar-se-iam outros dois meses até que, por Hendaye, conseguisse chegar à Espanha pela França. Em 20 de maio, apresentou-se em Burgos. A partir desse momento, tudo aconteceu mais depressa: em 21 de junho, foi promovido a comandante e, no dia 26, se incorporou aos combates, a mando de um Tabor de Regulares. Fazia já um ano e quatro meses que seu irmão Pepe tinha sido assassinado em Valência.

Houve outra mentira ainda mais grosseira e disparatada. Em junho de 1986, Stephen Koch entrevistou um ancião chamado Joris Ivens que, ainda convencido de que as acusações contra Robles estavam corretas, disse que este "havia enviado, durante a noite, mensagens luminosas às linhas fascistas". A versão de Ivens cai por seu próprio peso: dificilmente alguém podia comunicar-se com o inimigo por meio de sinais luminosos em um momento como aquele, em que a frente mais próxima, tal como proclamava um enorme quartel instalado na cêntrica praça de Castelar, estava a 140 quilômetros de Valência.

De acordo com um documento anônimo encontrado em um dos apartamentos da família por Cristina Allott, sobrinha-neta de Robles, a queda em desgraça deste se deveu, conforme "opina seu filho", ao fato de ser demasiadamente franco e indiscreto nas tertúlias e de "não ter antecedentes políticos e nunca ter aderido a nenhum grupo político". Esta versão coincide com a apresentada por Francisco Ayala, para quem, "pelo que se dizia, algum comentário feito por ele descuidadamente em uma tertúlia no café deixou escapar uma notícia, além do mais anódina, que só através de um telegrama cifrado podia ser conhecida, e isso lhe custou a vida". Será que Robles cometeu uma indiscrição dessas? Não podemos saber e, sem dúvida, é provável que seu destino tivesse sido o mesmo, ainda que nada tivesse feito. José Robles era um republicano leal, mas não era comunista, e sua condição de intérprete dos conselheiros militares soviéticos o tornara um "homem que sabe demais".

Informes confidenciais recentemente abertos ao público demonstram que os planos do Kremlin para, por um lado, controlar o Ministério da Guerra e, por outro, esmagar a CNT e o POUM* estão documentados desde o início da colaboração militar russa com a República, e há inclusive um informe do próprio Gorev em que é dito: "Uma luta contra os anarquistas é absolutamente inevitável." Robles tinha certamente que conhecer esses planos. Robles sabia demais sobre o crescente poder soviético dentro do governo espanhol e sobre a furiosa repressão que se avizinhava, e isso bastava para torná-lo suspeito aos olhos da inteligência militar soviética porque, como escreveu Stanley Weintraub, "em sua condição de não-comunista não era suficientemente de confiança para 'esquecer' a informação obtida através de Miaja e Gorev".

É provável que tenham assassinado Robles não porque ele falou, mas para que não falasse, e para Dos Passos, que nunca deu crédito à tese da suposta indiscrição, sua morte "teve o efeito desejado, de fazer com que as pessoas se tornassem muito cautelosas quando falavam" dos russos. Tratava-se, portanto, de uma advertência: aqueles que não quisessem ter a sorte de Robles, deviam calar sobre tudo aquilo que viram e não gostaram, incorporando-se a essa imensa conspiração de silêncio com a qual o próprio Dos havia se defrontado, enquanto investigava o ocorrido com seu amigo.

---

*Partido Operário de Unificação Marxista, que surgiu da unificação da Esquerda Comunista Espanhola, partido de origem trotskista (que posteriormente rompeu com Trotski), com o Bloco Operário e Camponês. *(N. da T.)*

CAPÍTULO 4

Mas para que haja um assassinato é preciso ter um assassino e, em algum momento desta história, seria necessário perguntar quem matou Robles. Se no arquivo da NKVD, depositado no Arquivo Central dos Serviços de Segurança da Federação, existe documentação sobre o caso, é certo que nela figurem os nomes do autor material e de seus colaboradores. Essa seria, sem dúvida, a via mais direta para decifrar o enigma, mas não parecia simples. Daniel Kowalsky, em *La Unión Soviética y la guerra civil española*, afirma que esse arquivo "continua sendo praticamente inacessível": a única visita realizada pelo próprio Kowalsky "foi recebida entre risos dissimulados e a mais absoluta rejeição". Pedi, por via das dúvidas, conselho a especialistas e suas respostas tampouco me deixavam otimista. Stanley G. Payne informou que esses arquivos estavam "totalmente fechados a estrangeiros (e a quase todos os russos)" e que, se alguns anos atrás alguns investigadores conseguiram consultá-los, no momento "a janela havia se fechado". Descartada, portanto, essa via, que deveria fazer? Esperar uma improvável abertura da janela, antes de dar por terminadas minhas pesquisas? Publicar umas conclusões provisórias e esperar que alguém consiga concluí-las no futuro? De forma inesperada, enquanto tentava resolver o dilema, abriu-se diante de mim uma nova alternativa, ainda que indireta.

As coisas aconteceram da seguinte forma. No início de novembro de 2003, o escritor Andrés Trapiello falou-me de uma exposição de um amigo seu, Carlos García-Alix, que certamente iria me interessar. Intitulava-se *Madrid-Moscú* e permaneceria, em uma galeria da madrilenha rua Barquillo, até meados de dezembro. Tinha previsto passar uns dias em Madri nessa mesma época para consultar os arquivos da Hemeroteca Municipal, e a primeira coisa que fiz, quando cheguei, foi ir até a galeria de arte. A qualidade dos quadros me pareceu excepcional, com uma excelente recriação de ambientes e uma evidente fascinação pela arquitetura racionalista, mas o que mais chamou minha atenção foi a excepcional familiaridade do pintor com as paisagens urbanas que os enviados soviéticos haviam freqüentado. Em uma das pinturas, aparecia a fachada do Hotel Gaylord's, que foi um de seus principais centros de operações. Em outra, a do Cine Europa, cujos sótãos abrigaram uma *checa*. Em uma terceira, reconheci Mikhail Koltsov entre os misteriosos personagens retratados diante do Bar María Cristina...

Chamei Andrés Trapiello para comentar minhas impressões e ficamos de jantar juntos no dia seguinte. Fui ao seu encontro e Andrés me apresentou a pessoa que tinha à sua esquerda. Era

Carlos García-Alix. É claro que nossa conversa não demorou muito a chegar às atividades dos agentes soviéticos durante a guerra. Essa sua familiaridade que os quadros permitiam intuir era, na realidade, muito superior à que qualquer um pudesse imaginar. Os nomes de Gorev, Berzin ou Koltsov, junto a outros que jamais ouvi mencionar, eram evocados por Carlos com a naturalidade de quem fala de pessoas chegadas ou parentes falecidos há pouco tempo. Quando perguntei sobre suas fontes de informação, reconheceu que tivera acesso à bibliografia em diversos idiomas e que, inclusive, utilizara a tradução de algumas obras que só foram publicadas em russo. Em um dado momento, soltou a seguinte pergunta: "Quer saber quem matou Robles?" Ao notar meu desconcerto, afirmou: "Não posso assegurar que foi ele que o matou. O que garanto é que teve uma relação direta com sua morte. É mais simples do que parece. Só é preciso saber quem era, naquela altura, o homem de Orlov em Valência. Quer saber quem era?" E pronunciou lentamente um nome e um sobrenome, indicando a primeira de uma série de pistas que teria que seguir para chegar, por mim mesmo, a essa conclusão. Essa pista era um livro que se intitulava *Nosotros, los asesinos*.

O autor de *Nosotros, los asesinos*, o jornalista Eduardo de Guzmán, poderia aparecer nesta história como um desses personagens menores, nos quais não se repara muito. Embora em "La República de los hombres honrados", Dos Passos tenha dito que Ramón J. Sender havia sido o único a levantar a voz contra a matança de Casas Viejas, a verdade é que ele não estava só. Três dias depois do ocorrido, Eduardo de Guzmán e o romancista aragonês viajaram juntos à localidade gaditana (primeiro em avião, de Getafe a Sevilha, depois em ônibus, de Jerez a Medina Sidonia, e finalmente de carro, até Casas Viejas) e, se Sender denunciou o ocorrido nas páginas de *La Libertad*, Guzmán fez o mesmo nas de *La*

Tierra. Enquanto redigia esse capítulo de minha história, não me pareceu necessário corrigir essa imprecisão de Dos Passos. O nome do jornalista não teria aparecido neste livro se Carlos García-Alix não tivesse me recomendado outro de seus trabalhos como a primeira das pistas que deviam conduzir ao assassino de Robles.

Guzmán, redator-chefe de *La Tierra* até 1935 e diretor, entre 1937 e 1939, do jornal anarquista *Castilla Libre*, reconstrói, em *Nosotros, los asesinos*, sua via-crúcis carcerária, desde que foi preso pelas tropas de Franco, em Alicante, até maio de 1941, quando foi condenado à morte. O autor não oculta as identidades de algumas das pessoas com as quais compartilhou o cativeiro (os poetas Miguel Hernández e Pedro Luis de Gálvez, o dramaturgo Joaquín Dicenta), mas o que não apareceu em lugar algum foram o nome e o sobrenome que Carlos havia mencionado. Entre os episódios mais arrepiantes do livro, está a morte de Felipe Sandoval, por quem Guzmán tinha grande simpatia: "O pouco que sabia dele antes do término da guerra não dizia muito a seu favor." Felipe Sandoval, "uma fraude vulgar, um delinqüente comum", que circunstancialmente havia abraçado a causa operária, foi submetido a duríssimos interrogatórios pela polícia franquista em uma prisão madrilenha, e os outros presos, para evitar que falasse, confabularam para induzi-lo ao suicídio. "O que você espera conseguir, canalha, traindo seus companheiros? O que espera para morrer como um homem, atirando-se pela janela?", diziam, cada vez que passavam por ele. Finalmente, conseguiram seu objetivo e, ao tomar conhecimento desses fatos, Guzmán comentou: "Ninguém é tão mau quanto supomos. Ao final, até Sandoval tinha a sua consciência."

Mas Sandoval havia falado antes de se atirar pela janela e sua confissão foi arquivada na Causa General. Este é um arquivo em que, com fins propagandísticos, as autoridades franquistas reuniram as provas do que chamavam de "terror vermelho": trata-se, portanto, de uma fonte que se deve usar com as devidas reservas. Carlos García-Alix, que havia pesquisado a história de Sandoval, me forneceu uma cópia dessa confissão, a partir da qual pude estabelecer sua trajetória durante os quase três anos de guerra. Quando ocorreu a rebelião militar, Sandoval encontrava-se no Cárcere Modelo de Madri, cumprindo pena por participação em um assalto a banco. Posto em liberdade em poucos dias, destacou-se pela falta de misericórdia com que dirigiu algumas das principais *checas* madrilenhas (como a do Cine Europa ou da Belas Artes, mais tarde chamada de Fomento) e uma "seção especial" dos serviços de contra-espionagem. Suas atividades como agente da contra-espionagem levaram-no depois a outras províncias, especialmente a Cuenca e Valência. Na confissão sobre sua etapa valenciana, o sobrenome que estava buscando aparece em duas ocasiões. A primeira vez é mencionado como o "fatídico Apellániz, administrador, naquela época, do SIM em Valência, apesar de Sierra ser o chefe e Francés o secretário-geral". A segunda vez, após citar novamente Sierra e Francés, menciona o "ogro" Apellániz, que, "sem ostentar oficialmente nenhum dos dois cargos, era quem mandava [no SIM valenciano]".

O contato de Sandoval com Apellániz, entretanto, não devia ser muito estreito, e suas declarações se limitavam a atribuir-lhe, em uma só operação, a injustificada detenção de oitenta homens, um dos quais, um comandante chamado Molina, "foi enforcado em um sótão". Seu ajudante "ficou totalmente inutilizado e um terceiro foi levado à prisão, e dizem que se jogou do último andar da galeria". Quem era Apellániz? Quem era Loreto Apellániz García, esse fatídico ogro cujas atrocidades podiam escandalizar um homem tão calejado como Sandoval?

Para saber, é preciso recorrer ao livro *Chantaje a um pueblo*, de Justo Martínez Amutio. Embora nascido em La Rioja, Martínez Amutio era, em julho de 1936, um dos principais dirigentes da Federação Socialista Valenciana e, durante o meio ano de presidência de Largo Caballero, ocupou o cargo de governador civil de Albacete, principal base de operações das Brigadas Internacionais. Loreto Apellániz também era de La Rioja e vivia em Valência, mas aí acabavam todas as coincidências. Filho de um pastor protestante muito conhecido no vale do Ebro* pela bondade e integridade, Apellániz tinha chegado a Valência durante a ditadura de Primo de Rivera, após ser aprovado com excelentes qualificações nos exames de ingresso no corpo técnico dos Correios da UGT,** e era conhecido como republicano. Inteligente, "mas de personalidade forte, altaneiro e impulsivo", sua conversão ao comunismo ocorreu antes de outubro de 1934. Sua intervenção nas greves daquela época custou-lhe dois meses de prisão. Foi através de Apellániz que Martínez Amutio conheceu Mikhail Koltsov. Este, com fundos do Comintern,*** tinha montado na França uma distribuidora de filmes soviéticos. Apellániz, que trabalhava para a distribuidora, apresentou-os em 1935, e Martínez Amutio escreveria, sobre Koslov, que "se mostrava muito simpático e interessado pelas coisas da Espanha, especialmente tudo que se referia a arte e literatura". Suas atividades durante a guerra mereceriam, em troca, uma opinião bastante menos favorável.

Os três voltaram a se reunir em 1º de agosto de 1936, quando Apellániz chamou Martínez Amutio para dizer que Koltsov desejava saudá-lo. O enviado especial do *Pravda* estava em Valência, de passagem para Madri, e o encontro, que se realizou no Ateneo Mercantil, durou apenas uma hora. Naquela altura, Apellániz, recém-nomeado inspetor de polícia, já havia iniciado a série de suas

*Rio mais caudaloso da Espanha. Deságua no Mediterrâneo. *(N. da T.)*
**União Geral dos Trabalhadores (socialista). *(N. da T.)*
***Abreviatura inglesa para Internacional Comunista ou III Internacional. *(N. da T.)*

"inumeráveis transgressões e crueldades". Martínez Amutio diz: "Desde o primeiro dia, soubemos que recebia instruções de (os chefes da NKVD) 'Pedro' e Orlov, e que agia com certa autonomia do Comitê do Partido Comunista de Valência [...], já que o consideravam, além de ser de toda confiança, bem treinado."

O trabalho de Apellániz distinguiu-se não apenas por sua dureza, mas também por não se submeter ao controle da Chefatura de Polícia. Isso provocou diversos confrontos com as autoridades republicanas. Parece que os conflitos com o governador civil de Valência, Ricardo Zabalza, foram constantes e o próprio Martínez Amutio recorda em seu livro um sério incidente que teve os dois como protagonistas. Aconteceu no final de 1936, quando recebeu em seu escritório do Governo Civil de Albacete a visita de Apellániz, acompanhado pelo conselheiro da embaixada russa León Gaikis, o chefe da NKVD, Erno Gerö (Pedro), e um dirigente comunista de sobrenome Taléns. A NKVD tinha então o projeto de criar uma estrutura policial independente das forças de segurança e controlada pelos comunistas, os Escritórios de Segurança do Estado, que conduziriam investigações "de modo secreto e à margem de toda a norma estabelecida". O centro da rede ia ser em Valência e sua atuação devia estender-se até Albacete, Madri, Ciudad Real, Jaén, Baeza e Cartagena, e Apellániz seria um dos chefes. Enquanto Gaikis expunha seus planos, Martínez Amutio dirigiu-se a Apellániz e, em alusão a algumas de suas últimas incursões criminais, advertiu-o: "Não volte a irromper em Casas Ibañez nem em nenhum povoado desta província ou da zona militar, nem trate de deter ou incomodar alguém sem meu conhecimento e minha permissão [...]. Somos da mesma região e nos conhecemos bem, você sabe que não gosto de brincadeiras e menos ainda de como está agindo; assim, o melhor que você pode fazer é não passar dos limites da província de Valência até aqui."

As palavras de Martínez Amutio são importantes porque sugerem que, em dezembro de 1936, a NKVD atuava em Valência com absoluta liberdade e ele mesmo confirma isso um pouco mais adiante, quando escreve que, apesar do governo de Largo Caballero ter rejeitado a intenção de criar os Escritórios de Segurança, "foi estabelecida uma barreira para a atuação da NKVD, a partir da margem direita do Ebro para baixo". Nessa Valência em que a NKVD de Orlov se movia confortavelmente, Loreto Apellániz era o homem da NKVD e de Orlov, e isso acontecia precisamente na época em que Robles Pazos foi detido e executado.

Seguramente, a história de Apellániz não acaba aí. O projeto dos Escritórios de Segurança do Estado não foi adiante, mas em seu lugar acabou surgindo o SIM. Apellániz, "bem treinado por Orlov e Pedro", ingressou na Chefatura regional de Valência e sua ação no comando de uma Brigada Especial do SIM tornou-o "tristemente célebre". Em agosto de 1938, Martínez Amutio ainda não era governador, mas trabalhava na Subsecretaria de Armamento, que tinha fábricas em Linares. Nessa altura, ocorreu o último de seus enfrentamentos pessoais. A brigada de Apellániz acabava de deter um médico empregado da subsecretaria, assim como um perito e um especialista de uma das fábricas de armamento de Valência, que foram liberados após um longo interrogatório. Quando a notícia chegou a Linares, Martínez Amutio viajou para Valência, onde se reuniu com Apellániz e com o chefe regional do SIM (o comandante Atilano Sierra, "que atuava como elemento decorativo"), e exigiu que demonstrassem a culpa do médico e os motivos do interrogatório dos outros dois. Como alegaram que a ordem havia partido da Chefatura de Barcelona, Martínez Amutio chamou o chefe superior do SIM, que confirmou que "era coisa dos de Valência". Em um ambiente cada vez mais tenso, Martinez Amutio conseguiu que o detido lhe fosse entregue. Mais tarde, com o apoio do então governador civil de Valência, Molina Conejero, exigiu a destituição de Sierra, que ocorreria em poucos dias.

Com um histórico de crimes como o de Apellániz, sua impunidade não podia ser eterna. No final desse mesmo ano, cometeu o erro de deter o ex-prefeito socialista de Mérida, José Nieto, que, com o grau de coronel, comandava uma divisão de carabineiros na frente de Segorbe. Afastado de seu cargo no SIM, o juiz militar assinou uma ordem de detenção de Apellániz. Este tratou de escapar, fugindo junto com os demais integrantes de sua Brigada Especial, para o povoado próximo de El Saler, onde se instalou com granadas de mão, fuzis de repetição e morteiros, em um chalé previamente expropriado. O local foi cercado por tropas de assalto. Apellániz só aceitou entregar-se a uma autoridade que garantisse que não morreriam. Enquanto se negociava quem poderia ser essa pessoa, apareceu uma companhia de carabineiros que havia partido de Segorbe com a intenção de libertar seu coronel e castigar seus captores. Pressentindo o que lhes aguardava, os sitiados se apressaram a apresentar sua rendição às tropas de assalto, que os levaram para a Prisão Militar de Monteolivete (a mesma em cujas dependências pode ter ficado encarcerado Robles).

Durou mais de dois meses o processo contra Apellániz e os integrantes de sua brigada. Entre eles, destacava-se por sua crueldade um jovem universitário cujo pai, detido por supostamente pertencer à Falange, havia recuperado a liberdade em troca de delatar possíveis quinta-colunistas. De acordo com Martínez Amutio, só esta delação teria custado a vida de mais de cem pessoas, executadas sumariamente pelos homens de Apellániz que, "sob a aparência de defender a República, cometeram uma infinidade de crimes, saques e transgressões". A acusação eximia da pena capital apenas dois dos acusados, os datilógrafos que assistiam aos interrogatórios. O final da guerra impediu, contudo, que a sentença fosse cumprida. Quando as tropas de Franco entraram em Valência, todos estavam presos e, segundo Martínez Amutio, "foram os primeiros executados pelos nacionais", como eram chamados os militares franquistas.

Outra versão, a do estudioso valenciano Francisco Agramunt, afirma que a "mais cruel das cabeças do SIM" não foi detida pelos militares republicanos até março de 1939, quando ocorreu o golpe do coronel Segismundo Casado: então foi "preso no Cárcere Modelo de Valência, cujo diretor, Tomás Ronda, negou-se a libertá-lo e entregou-o aos nacionais, na tentativa de reconciliar-se com eles e conseguir seu perdão". Entretanto, a decisão de mantê-lo na prisão, enquanto as autoridades evacuavam Valência, foi tomada pelo socialista Wenceslao Carrillo, responsável máximo pela segurança no conselho formado por Casado. Assim se depreende do capítulo de *Campo de los almendros*, em que Max Aub apresenta Carrillo, declarando a intenção de libertar todos os presos, exceto uns que qualifica de "punhado de filhos-da-puta, assassinos, chantagistas, vendidos". Por uma referência anterior, sabemos que se trata de uns homens do SIM. O escritor menciona diretamente Apellániz e fornece os apelidos de outros dois: "Pataqueta" e "Esmolaor". Alguém diz que os militares franquistas vão fuzilá-los e Wenceslao Carrillo afirma: "Com certeza, e serão os primeiros. O ruim é que não pude fazê-lo eu mesmo [...]. Uns vagabundos desses a menos não farão falta ao mundo."

Com efeito, as novas autoridades julgaram e executaram rapidamente Apellániz, que foi fuzilado junto com seus colaboradores em 3 de abril, no campo de tiro de Paterna. Na Causa General, constam as identidades do datilógrafo ou secretário, que se livrou da pena capital (diante do que, afirmou Amutio, não eram dois, mas apenas um), assim como as das vinte pessoas que foram fuziladas na mesma ocasião que Apellániz. Qual dessas identidades corresponde a "Pataqueta"? Qual a do "Esmolaor"? Não reproduzirei os vinte nomes, porque entre eles pode haver o de algum inocente, mas sim direi que há vários Martínez, vários Pérez, algum López y Ramírez... Nenhum diz nada e, sem dúvida, é provável que por trás de algum deles esconda-se a identidade da pessoa que acabou com a vida de Robles. Quantos desses homens estavam, já em fevereiro de 1937, sob as ordens de Apellániz? E quais dos que estavam com ele, em fevereiro de 1937, intervieram no assassinato de Robles?

As respostas a essas perguntas dificilmente poderiam ser encontradas na Causa General. A tardia (e, como se verá, irregular) confirmação oficial de sua morte, sua condição de republicano que trabalhava para o governo legítimo e o fato mesmo de que sua viúva não tenha podido apresentar uma denúncia sobre o caso são razões mais que suficientes para explicar que o nome de Robles não apareça nos abundantes documentos depositados na seção valenciana desse arquivo. Seu nome, na realidade, não consta na relação de pessoas "que durante a dominação vermelha foram mortas violentamente ou desapareceram e que, se acredita, tenham sido torturadas", nem na de "tormentos, torturas [...] cometidos durante a dominação vermelha". Seu nome tampouco figura nas listas de "isolados na Prisão Central de San Miguel de los Reyes" e de "isolados na Prisão Celular" ou Cárcere Modelo, e isso reforça a hipótese de que Robles tenha sido inicialmente levado à Prisão Militar de Monteolivete, a única das outras três penitenciárias valencianas que corresponde à descrição feita por Miggie (as duas outras eram o Cárcere das Mulheres e o Monastério de El Puig, situado a uns 15 quilômetros da cidade).

O que aconteceu com Robles após sua eventual passagem por Monteolivete? A Causa General não oferece dados conclusivos a respeito, mas algumas pistas podem ajudar a fazer conjecturas. Na verdade, para seguir essas pistas é necessário saber primeiro como funcionava a NKVD em Valência. Pelo que se sabe (e inclusive por suas próprias declarações), o organizador dos serviços secretos soviéticos na Espanha era Alexander Orlov. Nascido na Bielo-Rússia em 1895, seu verdadeiro nome era Lev Feldbine, e entre suas principais contribuições para a espionagem soviética estava a de ter tutelado os agentes da famosa rede de Cambridge: Kim Philby, Donald Maclean, Guy Burgess. Logo abaixo de Orlov, havia um pequeno grupo de oficiais da NKVD cujo rastro nem sempre é fácil seguir. O mais importante deles era Leonid Eitingon, conhecido na Espanha como Kotov, que nessa altura era o responsável pela preparação de unidades de guerrilheiros; em julho de 1938, Eitingon sucederia Orlov na chefatura espanhola da NKVD; e, dois anos depois, organizaria o assassinato de Trotski por Ramón Mercader. O primeiro atentado contra Trotski no México (e, posteriormente, uma tentativa de assassinato do marechal Tito) havia sido organizado por outro dos subordinados de Orlov na Espanha, Yosif Romualdovich Grigulevich, um lituano que falava espanhol com perfeição porque havia morado na Argentina e em outros países latino-americanos; aparentemente, as atividades de Grigulevich durante a guerra civil se concentraram na eliminação de homens do POUM. Junto a Eitingon e Grigulevich, encontrava-se um homem chamado Vasily Afanasievich Belyaev, ou ao menos é o que se depreende do depoimento contido em *Men and Politics*, do jornalista norte-americano Louis Fischer, que não demorou a identificar Orlov e Belyaev como agentes da NKVD, quando o embaixador Rosenberg apresentou-os como secretários da embaixada. Através de Edward P. Gazur, um agente do FBI que, em *Secret Assignment*, reconstruiu a biografia de Orlov, a partir das numerosas entrevistas feitas com ele, sabemos que Eitingon, Grigulevich e Belyaev não eram os únicos colaboradores próximos de Orlov. Nesse livro, aparecem os nomes de outros dois: Lev Mironov, executado na URSS quando Orlov ainda se encontrava na Espanha, e um tal de Boris Berman, sobre quem não se achou mais qualquer informação.

Daniel Kowalsky, que dedicou ao tema algumas páginas de seu livro, afirma que o número de agentes soviéticos da NKVD na Espanha oscilou entre vinte e quarenta. Por outro lado, de acordo com um informe do chefe da seção internacional da organização, esta dispunha, no início de maio de 1937, de uns duzentos agentes espanhóis qualificados. Um número razoável deles operava em Valência e, entre os braços-direitos de Apellániz, destacam-se os nomes do comandante Justiniano García, que havia sido chefe de escolta do ministro do Governo, Ángel Galarza, que aparecia nos depoimentos como Justin; do comissário Juan Cobo, que dirigia a *checa* de Santa Úrsula; e do capitão das milícias Alberto Vázquez, responsável pela da rua Baylía, juntamente com dois irmãos.

Salta aos olhos que estamos diante de uma estrutura piramidal. No ponto mais alto dessa pirâmide, se encontraria Orlov; pouco abaixo dele, Eitingon, Grigulevich, Belyaev e os outros agentes soviéticos de confiança; em um terceiro nível, Apellániz com seus lugares-tenentes; e, na base, finalmente, estaria o resto dos agentes, de nacionalidade espanhola, esses colaboradores de nome opaco a quem corresponderia a tarefa de ser o braço executor. A divisão de funções induz a pensar que a decisão de eliminar Robles foi tomada pessoalmente por Orlov: tratando-se de um ex-intérprete de um conselheiro como Gorev, dificilmente alguém em posição inferior poderia tê-la tomado. Seus colaboradores soviéticos haviam se encarregado previamente dos interrogatórios, e Apellániz e seus homens, da custódia. Finalmente, quando Orlov tomou a decisão, novamente os agentes espanhóis se encarregaram de colocá-la em prática.

Vamos agora às pistas oferecidas pela Causa General. O relato antes citado de um socialista íntegro como Martínez Amutio outorga probabilidade a vários dos depoimentos lá contidos. Entre eles, está o de um homem chamado José María Melis Saera, que passou por duas das *checas* operadas por Apellániz (a de Baylía e a do antigo convento de Santa Úrsula) e que declarou que nelas estiveram também "Rossembuch, intérprete do Hotel Victoria, de Valência, e o intérprete do Hotel Império, Polit".

A profissão atribuída a esses dois homens não deixa de chamar nossa atenção: como o próprio Robles, eram intérpretes. Também chama a atenção que o primeiro deles trabalhe em um hotel que já apareceu nestas páginas: o Victoria. Foi na entrada desse hotel da rua das Barcas que detiveram Dos Passos para levá-lo a Madri, em um Hispano-Suiza, e o romancista qualificou-o de "ninho de correspondentes, agentes do governo, espiões, traficantes de munições e mulheres misteriosas". O Victoria era exatamente como Dos Passos escreveu, de acordo com Arthur Koestler em sua *Autobiografía* [*The Invisible Writing: An Autobiography*], na qual fala de uma reunião que manteve com o enviado especial do *Pravda*, Mikhail Koltsov, pouco antes de partir em uma missão de contraespionagem. Ilya Ehrenburg, correspondente do *Izvestia*, também se refere ao Hotel Victoria em *Gentes, años, vida*, pois costumava hospedar-se lá nessa época, quando ia a Valência. Ehrenburg diz que nele "os jornalistas estrangeiros tomavam coquetéis, jogavam pôquer à noite e se queixavam de tédio" e, um pouco mais adiante, acrescenta sem rodeios: "Um dia descobriram um espião no Victoria." Seria Rossembuch esse espião?

Como veremos, a imprecisão ortográfica, sobretudo na transcrição dos nomes estrangeiros, é habitual nos documentos depositados na Causa General e, de fato, o tal Rossembuch não demora a reaparecer como Juan Rosemboom Barkhausen, que foi acusado de espionagem, em 17 de janeiro de 1937, e passou pelas *checas* de Baylía, Santa Úrsula e Salmerón. Félix Politi Caresi (isto é, "o intérprete do Hotel Império, Polit") também passou por essas três *checas* e é muito provável que tenha sido prejudicado pela coincidência de seu nome com o do outro Politi que, conforme o informe citado por John Costello e Oleg Tsarev em sua biografia de Orlov, dirigia os serviços de inteligência italianos em Valência desde 1930. Na Causa General, está preservada a íntegra do texto do opúsculo de Félix Politi, *Los antros del terror stalinista. La checa de Santa Úrsula*, datado de outubro de 1937, mas publicado um ano depois, em Marselha, pelas edições do POUM. Por esse texto, sabemos que os presos de Santa Úrsula que deviam ser interrogados eram chamados entre 11 e 12h da noite e que "os interrogatórios ocorriam geralmente em um local da avenida Nicolás Salmerón". Politi acrescenta: "As acusações de espionagem, que nunca faltavam, estavam combinadas habilmente com milhares de outras perguntas. As afirmações de espionagem estavam geralmente tão fora de contexto que acabavam sendo ridículas [...]. Esta parte do interrogatório, tão inconsistente quanto áspera, era mais tarde comentada nas celas do ex-convento, em meio a brincadeiras e ironias sarcásticas dos presos."

As denúncias contra Rosemboom e Politi deviam carecer de todo fundamento e, ao cabo de umas semanas, foram liberados. Robles não teve a mesma sorte e sua via-crúcis pode ser reconstituída por analogia com o relato que os outros dois deixaram de suas respectivas experiências. Por que *checas* passou, após sair de Monteolivete? Poderiam ser as de Baylía e Santa Úrsula, mas nesse caso não se explica por que nem Melis, nem Rosemboom, nem Politi mencionam seu nome. Essas duas não eram, sem dúvida, as únicas *checas* dirigidas pelos homens de Apellániz. Havia também as do chalé de Villa Rosa, a das Escolas Pías, a da rua Sorní, sobre as quais existem menos depoimentos na Causa General. Em qual delas Robles esteve? Fosse qual fosse, o tratamento que recebeu não deve ter sido muito diferente do sofrido por outros detidos: os longos períodos passados dentro de um pequeno armário, as surras intimidatórias, as ameaças de fuzilamento imediato... Com tais práticas, buscava-se debilitar a vontade e a resistência do preso: prepará-lo, em suma, para o interrogatório noturno.

Os interrogatórios, como sabemos, se realizavam em uma *checa* da avenida Salmerón, e os encarregados de executá-los eram sempre especialistas estrangeiros da NKVD. Félix Politi cita como chefe desses especialistas um russo chamado Leo Lederbaum, que em outros documentos aparece como Leverbau ou simplesmente Leo. Juan Rosemboom, por sua vez, fala em Peter Sonin e sua mulher, Berta, citados também em outros depoimentos, e diz que "os comissários e os agentes eram russos e poloneses". Entre eles, estavam Scheier Hochem (que aparece ainda como Jorge Shaya), um tal de Muller, uma mulher chamada Nora, outro que chamavam de José, o Boxeador... Trata-se, certamente, de codinomes, diferentes dos que esses mesmos agentes haviam empregado em missões anteriores, diferentes ainda dos que mais tarde adotariam, e estabelecer suas verdadeiras identidades é praticamente impossível.

O único nome conhecido aparece nas declarações prestadas por um homem chamado Jorge Pavloski Luboff, que foi acusado de espionagem no final de março de 1937 e passou pelas mesmas cadeias de Rosemboom e Politi. Nesse depoimento, afirma que o chefe da *checa* era "um judeu polonês chamado Kinderman. Depois, lembra de um tal Belyaeff, que mais tarde chamou-se Weiss, e Blanc, indivíduo russo, de procedência judaica, enviado pelo governo soviético para organizar os serviços de contra-espionagem". Esse Kinderman, que em outros lugares aparece como Shaja Kindemann, não poderia ser outro senão Scheier Hochem, mencionado por Politi. E esse Belyaeff deve certamente ser Belyaev, o suposto secretário da embaixada soviética citado por Louis Fischer.

As atividades de Belyaev (que, em russo, significa branco, como seu sobrenome em alemão e francês) concentravam-se em Valência, o que foi confirmado no relato que o próprio Orlov faria, muitos anos depois, a Edward P. Gazur. Além disso, Belyaev era o mais alto agente da NKVD a intervir pessoalmente nas atividades da *checa*, como ficou claro no depoimento de Jorge Pavloski. Um e outro dado devem levar-nos a concluir que muito provavelmente foi ele, Belyaev, quem dirigiu os interrogatórios de José Robles na cadeia de Salmerón. Os intérpretes dos hotéis valencianos podiam ser um assunto para Peter Sonin e os demais; do antigo intérprete de Gorev, só podia encarregar-se ele, Vasily Afanasievich Belyaev, que tinha então 33 anos (e que, até sua morte, justamente vinte anos depois, desempenharia formalmente diferentes funções diplomáticas).

O assassinato de Robles pode ter sido decidido em uma conversa entre Belyaev e Orlov, como a que mantinham quando Rosenberg apresentou-os a Louis Fischer. Assim, na época em que Robles foi assassinado, Orlov deveria estar em Valência. Mas isso não aconteceu. Pelo livro de Gazur, sabemos que Orlov sofreu, em meados de janeiro, um acidente automobilístico em que fraturou duas vértebras. No domingo, 17, foi levado em ambulância para Paris e internado na clínica Bergère, onde permaneceu até o dia 21 do mês seguinte, também um domingo, quando recebeu a alta médica que lhe permitiu regressar à sua casa de Bétera. Durante esse mês, "um dos mais aborrecidos de sua vida", não abandonou, contudo, o trabalho. A embaixada soviética em Paris enviava diariamente os comunicados de Moscou e da Espanha e, duas vezes ao dia, ditava as respostas a seu secretário. Além disso, permanecia em contato telefônico com seus colaboradores em Valência. De acordo com seu próprio depoimento, seus interlocutores habituais eram Lev Mironov e Boris Berman. Já disse que sobre este último não há informações. Em troca, sobre Mironov sabemos, pelo livro de Donald Rayfield, *Stalin y los verdugos* [*Stalin and his Hangmen*], que era um dos "seguidores mais poderosos" do então chefe da NKVD na URSS, Nikolai Ivanovich Yezhov. Este, de fato, o enviaria, em abril desse mesmo ano, a Novossibirsk, uma das principais cidades da Sibéria central, para perseguir camponeses e trotskistas lá exilados (ou, como diz Rayfield, "para prender quantos indivíduos pudesse nos quartéis do exército e nas estações ferroviárias da região") e, dois meses depois, quando Mironov "estava no limite de suas forças", o deteria para executá-lo. Com essas referências, cabe pensar que, durante a ausência de Orlov, Mironov assumiu a chefia da NKVD na Espanha. Teria consultado Orlov por telefone sobre o assunto de Robles? Afinal, uma decisão que, em circunstâncias normais, caberia a Orlov, teria sido tomada em Valência, e o próprio Mironov não poderia ignorá-la.

De qualquer forma, a decisão foi tomada e, a partir desse momento, tudo fica mais fácil de imaginar. Em uma fria noite de fevereiro de 1937, Apellániz e seus homens receberam a ordem dos superiores soviéticos e levaram Pepe Robles. Aonde? Sem dúvida, para algum campo de tiro que os soviéticos tinham em torno de Valência: o de El Saler, o de Paterna (o mesmo, curiosamente, em que Apellániz seria fuzilado, dois anos depois). Assim deve ter sido o lugar em que Robles viveu seus últimos minutos. Depois, alguém descarregou um par de tiros e, em conjunto, desapareceram com o cadáver. Quem pode ter sido o autor do disparo parece a essa altura um enigma menor: talvez o próprio Apellániz, talvez algum dos outros...

Minhas conversas com Carlos García-Alix me proporcionaram, além disso, uma nova hipótese sobre a verdadeira causa da morte de Robles, um motivo que Dos Passos não teria podido intuir. Enquanto esteve em Madri, Robles fazia parte do pessoal de confiança de Vladimir Gorev e gozava, portanto, de proteção dos militares do GRU. Sabemos que, quando o governo republicano deixou a capital, no início de novembro de 1936, Robles era apenas um dos muitos funcionários que o seguiram até Valência. Alexander Orlov e seus colaboradores da NKVD também viajaram para Valência e se instalaram no Hotel Metropol. Em troca, os principais comandantes militares soviéticos (Gorev entre eles) ficaram para defender Madri do assédio imposto pelas tropas de Franco. Nessa altura, entre a inteligência militar e os serviços secretos desse país estava sendo gerado um áspero enfrentamento, que os informes mais tarde revelados acabaram trazendo à tona, mas que ninguém reconhecia abertamente na época. Em 7 de novembro, dia da Revolução Russa, Orlov e Gorev ainda tiveram tempo de se reunir para comer em companhia de outras pessoas em um salão do madrilenho Hotel Palace e, dessa refeição, ficaram umas fotografias em que Gorev e Orlov aparecem, presidindo a mesa, um ao lado do outro. Mas a guerra surda entre ambos (quer dizer, entre a NKVD e o GRU) não demoraria muito a explodir. Assim, o chefe militar máximo dos russos, Yan Berzin, reprovava o organizador da NKVD que, com sua excessiva ingerência, com-

prometera a autoridade soviética e tratava os assuntos da Espanha como se esta fosse uma colônia da URSS. Orlov, por sua vez, comunicou ao Kremlin sua opinião desfavorável sobre Berzin, que, para ele, era um especialista em inteligência militar, mas não estava qualificado para encarar assuntos bélicos importantes.

Quando esses informes foram enviados a Moscou, Pepe Robles já devia estar morto. Parece razoável pensar que, em algum momento, havia percebido a tensão entre os homens de Berzin e os de Orlov, mas nada induz a suspeitar que estivesse consciente do risco que corria ao distanciar-se dos militares soviéticos e ao perder sua proteção. Embora não haja documentação sobre represálias a outros intérpretes, pode ser que Robles tenha sido uma vítima da briga entre a NKVD e o GRU? Em todo caso, seria uma vítima indireta. Está claro que Robles não era suficientemente importante para converter-se em um alvo de Orlov. Com sua detenção, Orlov pretendia atacar Berzin e, sobretudo, Gorev, cujo prestígio não parava de crescer com a defesa de Madri: de fato, vários historiadores consideram-no o autêntico salvador da cidade.

Dentro da lógica stalinista, a jogada parecia simples: acusando Robles de traição, acusava-se também Gorev, que se apresentava como alguém incapaz de selecionar seus colaboradores mais próximos. As trajetórias posteriores de Berzin e Gorev confirmam esta suposição. O próprio Carlos García-Alix seguiu o rastro de um e de outro, e o resultado são uns esboços biográficos incluídos no livro *Madrid-Moscú*. Em maio de 1937, Vladimir Gorev foi enviado para a frente do Norte, em uma missão condenada ao fracasso. Chegou a Bilbao, em companhia da já inseparável Emma Wolf, e o avanço das forças inimigas forçou-o a sair em direção às Astúrias, de onde seria resgatado em uma complicada operação aérea. Pouco tempo depois, foi visto em Valência. Nesse momento, contudo, já era um general em desgraça e, em seguida, entre o final de 1937 e o início de 1938, foi chamado a Moscou, homenageado com a ordem de Lenin e, imediatamente, fuzilado por ordem de Stalin. Mas seu destino apenas antecipou o de seu então superior, Semyon Uritski, e reproduziu o do antecessor deste, Yan Berzin, ambos obrigados a voltar a Moscou e fuzilados.

Pela quantidade de militares que tiveram a mesma sorte, poder-se-ia falar de uma limpeza entre os integrantes do GRU enviados à Espanha. O assassinato de Robles, nesse caso, seria apenas o prólogo dessa limpeza, e cabe a pergunta se, uma vez detido, teria havido alguma maneira de evitar sua morte. Importava alguma coisa o que Robles soubesse sobre o poder soviético no seio do governo? Importava o fato de que tivesse cometido uma indiscrição em um café? Não era tão importante que existissem provas contra Robles, porque ele era precisamente a prova: uma prova contra Gorev. Na estratégia de Orlov, detê-lo para mais adiante soltá-lo não adiantava nada. O que a NKVD buscava era criar dificuldades para Gorev, colocando na sua sombra o espectro de um traidor. A libertação de Robles estava descartada porque seria uma confirmação de sua lealdade à República e, indiretamente, da autoridade de Gorev. É possível que seu destino estivesse escrito desde o momento em que foi detido em Valência ou até mesmo antes. Robles foi detido para ser executado e, por perverso que pareça, era a sua execução que devia se converter na principal prova de sua traição. Não se fuzilou um traidor: fuzilou-se um homem para fazer dele um traidor.

Capítulo 5

Depois de conversar com Dos Passos, Joris Ivens aceitou sua proposta: para que *Tierra española* não se concentrasse apenas no espetáculo de sangue e destruição, deviam "encontrar algo que fosse construído para o futuro, em meio a toda a miséria e ao massacre". A idéia, como escreveu Ivens em *The Camera and I*, era encontrar um povoado que estivesse "ampliando o cultivo de seus campos, como uma contribuição imediata para a defesa de Madri: as pessoas trabalhando unidas pelo bem comum". O povoado que procuravam foi encontrado em Fuentidueña de Tajo, a uns 50 quilômetros da capital. Não era "a typically Spanish village",* mas apresentava duas vantagens: ficava na estrada que liga Madri a Valência e os moradores estavam construindo uma rede de canais para transformar em hortas uns terrenos secos.

Josephine Herbst visitou Fuentidueña em algum momento das filmagens e foi testemunha desses progressos: "As sementes já tinham sido plantadas e os pequenos canais irrigavam cebolas, melões e verduras que algumas crianças do local nunca haviam provado." Não se sabe se Josie se encontrou com Dos Passos em Fuentidueña. O que se sabe, através de Ivens, é que o romancista interveio na escolha da aldeia e que serviu de intérprete entre o prefeito e os responsáveis pelo filme. Ivens e Ferno ficaram hospe-

*"uma típica aldeia espanhola". *(N. da T.)*

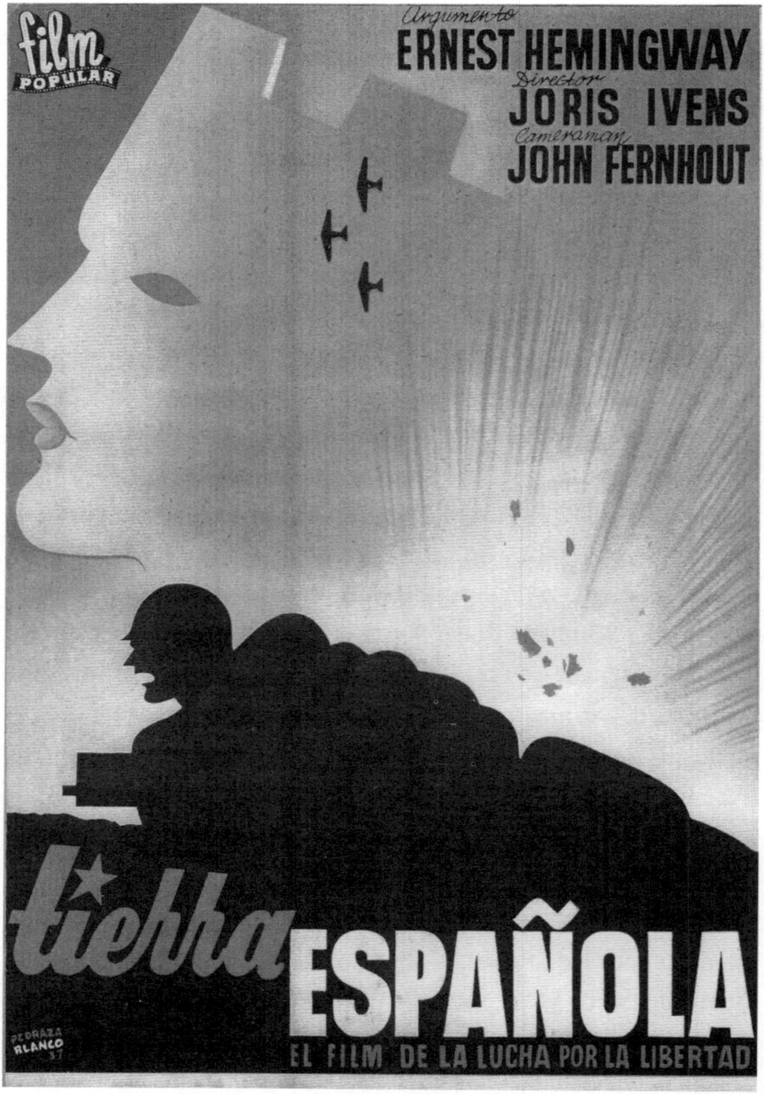
film POPULAR
Argumento
ERNEST HEMINGWAY
Director
JORIS IVENS
Cameraman
JOHN FERNHOUT
tierra
ESPAÑOLA
EL FILM DE LA LUCHA POR LA LIBERTAD
PEDRAZA BLANCO 37

dados em um pequeno quarto anexo à farmácia. Os camponeses comentavam que, até pouco tempo atrás, só iam a esse local para pagar por suas vidas: era lá que o pároco fazia os batizados, os casamentos e os funerais.

Dos Passos refere-se a Fuentidueña em *Journeys Between Wars* para registrar que, desde que, em julho de 1936, os sindicatos locais coletivizaram as terras (principalmente os vinhedos), todos os trabalhadores recebiam o mesmo pagamento diário: cinco pesetas, um litro de vinho e uma certa quantidade de lenha. O prefeito falou de outros negócios que haviam sido coletivizados: a padaria, o forno de cal, a pequena indústria de vime. Mas, seguramente, o que mais o orgulhava era o sistema de irrigação que tinham implantado e que mostrou a Dos Passos, embora a rede de canais ainda estivesse em construção. O escritor tomava nota de todos esses progressos, mas também de como a divisão da esquerda tinha chegado a Fuentidueña: o próprio prefeito, da UGT, havia comentado maliciosamente que os integrantes da CNT local, "pequenos comerciantes e intermediários, mas de forma alguma trabalhadores da terra", carregavam todos a suástica sob a camisa. Será que, nem mesmo nos menores e mais isolados povoados, os anarquistas podiam sentir-se a salvo das calúnias?

Voltaria a passar por Fuentidueña, após sua abrupta saída de Madri, mas é provável que nessa ocasião nem tenha parado lá. Dos Passos já sabia que parte da tragédia da guerra civil era a ainda invisível repressão no lado republicano, e isso não podia se refletir em um documentário, especialmente se este era patrocinado pelos comunistas. Sua intenção de colaborar em *Tierra española* havia diminuído e, embora antes de sair da Espanha se preocupasse ainda em procurar possíveis locações no povoado catalão de Sant Pol, o certo é que seu nome nunca chegaria a aparecer nos créditos do filme, que atribuem a autoria do argumento a Hemingway e a do roteiro a Ivens. Este último, em sua autobiografia, limita-se a dizer: "Dos Passos havia nos abandonado na Espanha."

O documentário não estava mais entre suas prioridades e com certeza o que Dos Passos procurava era distanciar-se de Hemingway. Em 25 de abril, já estava em Valência. Nesse mesmo dia, ironicamente, a amizade entre os dois era apregoada em Madri, no jornal *Ahora*, que lhes dedicava uma página e meia com o título: "Dois camaradas da América. Hemingway [sic] e John Dos Passos." Junto a quatro fotos (um primeiro plano de Dos Passos, outro de Hemingway, uma foto deste com o jornalista e uma última dos dois romancistas com Joris Ivens e Sidney Franklin), o texto tinha a forma de uma entrevista com ambos os escritores. Entretanto, o único que falava era Hemingway, que se referia a *Tierra española* na primeira pessoa do plural: "Pensamos em levá-la para Hollywood [...]. Com o dinheiro que conseguirmos com ela, enviaremos ambulâncias e víveres para os combatentes." Parece evidente que, quando a entrevista se realizou, Dos Passos já havia partido para Valência.

Ao chegar à cidade, Dos continuou coletando informação sobre as circunstâncias da morte de Robles e, muito provavelmente, chegou a seus ouvidos o boato mencionado por Ayala, quando diz que, "finalmente, foi admitido, mas apenas em sussurros, que os russos o haviam executado dentro mesmo da embaixada". Boatos, sempre boatos. Quando conseguiria alguma notícia concreta e fidedigna sobre o ocorrido? Quando teve oportunidade, falou com o embaixador norte-americano Claude Bowers, para que lhe conseguisse uma entrevista com o ministro de Estado (de Assuntos Exteriores), Julio Álvarez del Vayo. Este, embora socialista, é considerado pelos historiadores um "comunista disfarçado". Em um de seus textos, registrou o fastídio que lhe causava ter que dedicar uma parte das reuniões do conselho de ministros para discutir sentenças de morte. Essa mesma falta de sensibilidade em relação à vida ou à morte de um ser humano foi o que, sem dúvida, Dos Passos percebeu em sua segunda entrevista com Álvarez del Vayo, e o que o irritou nele. Agora estava certo de que havia mentido quando, em seu primeiro encontro, alegou ignorância: o ministro fazia parte dessa turva conspiração de silêncio e mentiras que, em Madri, acabara se tornando conhecida.

Se Dos Passos pediu para ser recebido por um homem como ele, que tantas reticências inspirava, foi somente por Márgara, porque se sentia obrigado a fornecer alguma informação precisa sobre a morte de seu marido. Além disso, havia um assunto sobre o qual Márgara havia comentado, algumas semanas antes: o seguro de vida que Pepe Robles fizera nos Estados Unidos, que estabelecia que a viúva só poderia cobrá-lo quando houvesse uma confirmação oficial do falecimento. Quanto ao primeiro item, o ministro foi incapaz de fornecer alguma novidade e Dos Passos não conseguiu saber a causa da morte do amigo, nem se esta havia ocorrido em Valência ou Madri. Quanto ao segundo, Álvarez del

Vayo prometeu que faria chegar aos Robles um atestado de óbito. Esta promessa foi tudo o que o escritor pôde oferecer a Márgara quando voltou a visitá-la, em sua precária moradia nos arredores da cidade. Nessa altura, se acreditarmos no que se conta em *Century's Ebb*, Márgara também havia perdido a esperança de voltar a ver o marido com vida. Abatido por não ter sido capaz de proporcionar grande ajuda, Dos Passos se apressou a partir de Valência em direção a Barcelona.

Este é o momento em que aparece em nossa história um personagem chamado Liston Oak. Nessa época, fins de abril de 1937, Oak já estava na Espanha há quatro meses, três deles trabalhando no Escritório da Imprensa Estrangeira, em Valência. Através de outra funcionária do Escritório, Kate Mangan, sabemos que era um norte-americano alto, de meia-idade e boa aparência, com óculos e cabelo longo e encaracolado, que aparecia sob uma grande boina. De caráter camaleônico, tinha sido ator e professor e, embora insistisse que queria aprender espanhol, carecia de facilidade para os idiomas. Padecia de insônia, reumatismo e freqüentes dores de cabeça, passava longas horas na cama e, da mesma forma que Rubio Hidalgo, preferia o trabalho noturno ao diurno. Kate Mangan supôs que tivesse ido para a Espanha a fim de esquecer seu segundo fracasso matrimonial e, embora no Escritório não soubessem exatamente sua orientação política, parecia alimentar algum tipo de simpatia pela FAI* e pelo POUM.

Liston Oak, que, além de trabalhar no Escritório, publicava artigos sobre a guerra no *Socialist Call*, foi o encarregado de acompanhar (e talvez controlar) Dos Passos na viagem de Valência a Barcelona. Pouco depois de chegar, Dos Passos e Oak visitaram a pequena localidade costeira de Sant Pol, onde conheceram a coo-

*FAI — Federación Anarquista Ibérica. *(N. da T.)*

perativa de pescadores e uma colônia de crianças refugiadas. Depois de fartar-se em um almoço à base de sardinha e frango, com alface e batatas, voltaram a Barcelona sob chuva. Uma foto de Dos Passos e Oak foi publicada no diário *La Vanguardia*, em 29 de abril. De acordo com o breve texto explicativo, o romancista norte-americano, "acompanhado pelo jornalista, também ianque, Liston Oak", tinha assistido, no dia anterior, a uma projeção de material inédito (sem dúvida, seqüências de *Tierra española*), que também contou com a presença do presidente da Generalitat, Lluís Companys. O Comissariado [conselho] de Propaganda da Generalitat aproveitou a visita de Dos Passos a Barcelona para promover alguns encontros com a imprensa. Na quinta-feira, dia 29, visitou a redação do *Solidaridad Obrera*, que no dia seguinte publicaria uma entrevista em que Dos Passos reiterava seus receios em relação a um socialismo de linha soviética e suas simpatias pela CNT: "Como americano que sou, e com idéias libertárias, creio que um movimento de liberdade individual tem grandes possibilidades [na Espanha]. O meio em que vivo me permite falar assim. Um *trust* russo talvez seja menos democrata que um *trust* norte-americano. É preciso favorecer uma indústria que respeite a liberdade individual e os direitos humanos. A verdadeira democracia dos Estados Unidos se parece, em muitos aspectos, ao ideal anarcossindicalista."

Esta não foi sua única declaração nos meios de comunicação barceloneses. O historiador do POUM (então um jovem jornalista), Víctor Alba, recorda, em seu autobiográfico *Sísif i el seu temps*, a entrevista que realizou no Hotel Majestic. Foi na quarta-feira, dia 28, pouco antes do encontro de Dos Passos com Companys e, na realidade, Víctor Alba, colaborador de *La Batalla* e de *Última Hora*, publicou apenas uma das entrevistas com o norte-americano. Na entrevista divulgada no órgão oficial do POUM, deixou escapar uma declaração que agradaria mais os poumistas e anarquistas que os comunistas: "Não há dúvida de que a revolução ajuda a ganhar a guerra." Ao contrário, na *Última Hora*, Víctor Alba, sob controle da Esquerra Republicana de Catalunya, a única coisa que chama atenção é a referência, ainda que forçada, ao ministro Álvarez del Vayo, "que sempre proporcionou todo o tipo de facilidade. É um homem de grande talento e cultura, muito adequado ao cargo que ocupa".

É provável que Liston Oak estivesse com Dos Passos no momento de suas declarações ao órgão da CNT e ao jornalista do POUM. É certo que esteve no encontro que o escritor manteve com Andreu Nin em seu escritório nas Ramblas, "um ambiente grande e despojado, mobiliado com o que sobrou de alguns velhos móveis". Dos Passos sentou-se em uma poltrona, cujo estofamento encontrava-se "em estado lamentável" e, enquanto isso, o líder do POUM falava por telefone em "um outro móvel gótico, expropriado da biblioteca de alguém". Em outro lugar da casa, encontrava-se "um homem que havia sido diretor de uma editora madrilenha de esquerda" e que devia ser Juan Andrade, co-fundador da editora Cenit, oito anos antes, e então integrante do Comitê Executivo do POUM.

Desse encontro, ficou o retrato que Dos Passos fez de Nin em *Journeys Between Wars*: "um homem de boa aparência, de aspecto saudável, com uma risada infantil sempre presente, que deixava ver uma sólida dentadura branca." Pelo próprio Dos Passos, sabemos também que perguntou sobre a decisão do governo republicano de assumir todo o controle dos serviços policiais. "Pegue um automóvel, percorra os arredores de Barcelona, e verá que todos os bairros estão cercados por barricadas", disse Nin, que imediatamente desatou a rir e acrescentou: "Mas talvez seja melhor que nem vá." Então Andrade interveio para dizer: "Não haveria nenhum problema. Há um grande respeito pelos jornalistas estrangeiros."

O texto de Dos Passos não fornece muitas outras informações sobre o verdadeiro conteúdo da entrevista. Para conhecê-lo, é preciso recorrer ao artigo que, com o título de "Behind Barcelona Barricades", Liston Oak publicaria pouco depois no semanário *New Statesman and Nation*. O artigo tem como assunto principal a divisão das forças republicanas em dois grandes grupos e chama a atenção que tenha sido precisamente Oak quem, após três meses de trabalho no Escritório de Imprensa, declarasse que as notícias sobre os enfrentamentos entre anarquistas e poumistas de um lado, e comunistas de outro, "não apareciam nos jornais espanhóis e eram, certamente, censuradas nas crônicas dos correspondentes estrangeiros". Segundo Oak, os anarquistas acreditavam que existia "uma trama para eliminá-los do cenário espanhol" e acusavam os stalinistas de "terem organizado uma GPU na Espanha, controlada a partir de Moscou". O artigo não esclarece, mas, levando em conta as circunstâncias, parece evidente que Dos Passos e Nin também falaram na entrevista das atividades dessa filial espanhola da polícia secreta soviética. Nin disse ainda que o PCE (Partido Comunista Espanhol) havia se convertido em um instrumento da política exterior soviética e que a URSS buscava segurança e estava disposta a sacrificar a revolução espanhola, "porque o imperialismo exige isso, como preço da possível ajuda militar à Rússia, no caso de uma agressão de Alemanha, Itália e Japão". Nas palavras de Nin, a única esperança de salvar a revolução consistia "em uma aceitação, por parte dos anarquistas, de uma linha de ação bolchevique".

Convém assinalar que o artigo, publicado em 15 de maio, quer dizer, justamente depois dos chamados acontecimentos de maio, reproduz opiniões de Nin anteriores a eles. O próprio texto informa que a entrevista ocorreu no final de abril e que Oak (e, como logo se verá, Dos Passos também) deixou Barcelona no dia 2 do mês seguinte, apenas um dia antes de começarem os distúrbios. Dá para se perguntar o que é que saberíamos agora sobre os acontecimentos de maio se o acaso não tivesse escolhido, como testemunha desses fatos, um dos melhores escritores britânicos e se este, depois, não houvesse dedicado a eles a principal parte de seu melhor livro. Teriam tido um destino semelhante ao dos outros enfrentamentos, que não apareciam nos jornais e que, "certamente", eram censurados nas crônicas dos correspondentes estrangeiros?

A história de George Orwell é conhecida. Quando chegou a Barcelona, no final de 1936, era "um tipo alto, muito magro, cara de cavalo, mal-ajambrado" (ou, ao menos, assim foi descrito pelo jovem jornalista que o acompanhou em seus primeiros passeios pela cidade, que não era outro senão Víctor Alba, o mesmo que, meses mais tarde, entrevistaria Dos Passos no Majestic). Deve ser dessa época a fotografia na qual aparece dividindo a mesa, entre outras pessoas, com os poumistas Andreu Nin e Julián Gorkin. Em seguida, ingressou nas milícias do POUM e foi enviado para a frente de Huesca. Sua mulher, Eileen, seguiria seus passos um mês depois e trabalharia no escritório barcelonês do ILP (Independent Labour Party ou Partido Trabalhista Independente), de tendência trotskista e ligado ao POUM. Após passar dez dias internado em um hospital da frente, Orwell obteve, em abril, autorização para viajar a Barcelona para encontrar Eileen. Em 3 de maio, ainda estava em Barcelona, e o que viu e viveu durante esse dia e nos seguintes deixou extraordinariamente relatado em *Homenagem à Catalunha.*

É muito provável que, pouco antes dessa data, Orwell e Dos Passos tenham se encontrado pessoalmente: afinal, o escritório onde Eileen trabalhava localizava-se no mesmo edifício das Ramblas em que Nin tinha escritório. Na tarde da entrevista entre este e Dos Passos, encontraram-se duas vezes. Se na primeira vez, na sede do POUM, limitaram-se a apertar as mãos, na segunda tiveram tempo de trocar algumas frases. Aconteceu no Continental, um dos hotéis de Barcelona onde costumavam ficar os homens do POUM, em que também vivia Eileen, em um de seus quartos. Em *The Theme Is Freedom*, Dos Passos lembraria que, ao ver aquele homem de aspecto abatido e doentio, supôs "que já estivesse sofrendo da tuberculose que mais tarde o mataria" e nele percebeu uma "certa altivez, na inocência diante da morte". Não falaram muito, mas Dos ficou aliviado por ter encontrado finalmente uma pessoa sincera para conversar. "Orwell falava sem enfatizar coisas que ambos sabíamos que eram verdadeiras. Passava rapidamente pelo assunto." De fato, dava a sensação de ter entendido a situação em todas as perspectivas e Dos Passos pensou que "talvez estivesse ainda um pouco assustado com o muito que sabia". Em *Century's Ebb*, recriaria o episódio de modo bem mais detalhado e, por seus comentários, sabemos que, até encontrar com Orwell, "não havia se atrevido a falar francamente com ninguém": "Inicialmente, tinha medo de dizer algo que pusesse em perigo as possibilidades de tirar Ramón [Pepe Robles] do país; depois, tinha medo que alguma palavra fosse mal interpretada e pudesse reduzir as possibilidades de Amparo [Márgara] ir embora com os filhos."

Não deve ter sido no Continental, mas no Majestic, que ocorreu uma cena que não pode ser omitida. Alguém bateu na porta de Dos Passos. Era Liston Oak, e parecia estar nervoso. Queria que o romancista o ajudasse a sair da Espanha. Suas simpatias pelos anarquistas e pelo POUM o haviam transformado em suspeito e até temia ter a mesma sorte de Robles: ultimamente lhe tinham feito demasiadas perguntas.

Stephen Koch reproduziu o episódio a partir do depoimento que, exatamente dez anos depois, Oak prestaria no Comitê de Atividades Antiamericanas, e a essência do relato contém várias semelhanças. De acordo com esta versão, Oak encontrou-se em Barcelona com um indivíduo chamado George Mink, que conhecia de Nova York ("um verdugo da NKVD, um assassino com respaldo legal", conforme a já previsível caracterização de Koch). O tal Mink, acreditando que fosse de confiança, convidou-o para uns drinques e contou que, no 1º de maio, o aparato comunista pretendia provocar uma rebelião de anarquistas e poumistas, de que se aproveitaria para justificar a posterior repressão: "Tudo estava pronto. Não podia falhar." Esta conversa ocorreu justamente antes da entrevista entre Dos Passos e Nin, e Oak não pôde deixar de advertir a este último do que, segundo Mink, estava sendo preparado. Mas a hostilidade stalinista não era nenhuma novidade para os dirigentes do POUM, e Nin, que realmente seria assassinado pelos homens da NKVD ao cabo de dois meses, prestou pouca atenção a suas revelações.

A questão é que Liston Oak sentia-se vigiado e perseguido, e recorreu a Dos Passos para escapar da Espanha. Como havia dito Juan Andrade, os jornalistas estrangeiros eram muito respeitados e, ao lado de alguém com a visibilidade e o prestígio de John Dos Passos, sua segurança estaria garantida. O escritor propôs a Oak que se fizesse passar por algo como seu secretário pessoal e aceitou a companhia de um voluntário da Brigada Lincoln, que também recorreu a ele em busca de proteção. Em 2 de maio, os três saíram de Barcelona em um automóvel que o POUM colocou à sua disposição, o que não deixa de ser ilustrativo da transformação que vinha sendo operada em Dos Passos: este, que havia entrado na Espanha republicana em um caminhão de uma organização vinculada aos comunistas, saía agora dela em um veículo do partido que estava a ponto de ser exterminado por aqueles. Em *Century's Ebb*, essa viagem é recriada de dois pontos de vista: o de Pignatelli-Dos Passos e o do brigadista, que teme o momento de chegar à fronteira porque, da mesma forma que seus companheiros, seu passaporte tinha sido retido no momento em que aderira às Brigadas Internacionais. Nunca saberemos se pertence ao terreno da realidade ou ao da ficção a história dos pescadores catalães que os ajudaram a entrar na França. Sabemos, entretanto, que Dos Passos e seus acompanhantes conseguiram finalmente chegar a Cerbère e que, só então, Liston Oak e o brigadista puderam respirar tranqüilos.

Dias depois, em 15 de maio, Oak publicou seu artigo no *New Statesman and Nation.* Orwell não pôde ler o texto até que, um pouco mais tarde, foi internado no hospital das milícias do POUM em Barcelona com um ferimento a bala. No Sanatório Maurín, escreveu, em 8 de junho, uma carta ao crítico Cyril Connolly, em que qualificava o artigo como "muito bom e imparcial". Nessa altura, Oak colaborava em várias publicações consideradas trotskistas, e uma afirmação sua ("hoje em dia os stalinistas são os maiores revisionistas de Marx e Lenin") seria citada pelo próprio Trotski, em um escrito de 29 de agosto.

Dos Passos, por sua vez, seguiu viagem até Antibes, de onde estão datados alguns textos de *Journeys Between Wars.* Em meados de maio, Katy e ele estavam em Paris. Dos Passos não havia esquecido dos Robles. Por suas cartas a Henry Carrington Lancaster, sabemos que, da capital francesa, escreveu a Álvarez del Vayo, recordando a promessa de conceder o atestado de óbito de Pepe Robles. O ministro, entretanto, não respondeu e, em uma carta ao crítico trotskista Dwight Macdonald, Dos Passos expressaria deste modo sua decepção: "Eu provavelmente subestimei a forma estúpida como Del Vayo mentiu em relação à morte de Robles. Depois de tudo, as pessoas agem nas coisas grandes da mesma maneira que o fazem nas pequenas; certamente, minhas conversas com ele sobre este assunto não aumentaram minha confiança nesse paladino dos operários braçais e intelectuais."

Dos Passos compreendeu rapidamente que não conseguiria nada através de Álvarez del Vayo e uma das cartas arquivadas na Biblioteca S. Eisenhower, da Universidade Johns Hopkins, revela que, para obter o certificado, não tardou a recorrer a outras personalidades influentes: uma delas era o embaixador dos Estados Unidos na Espanha, Claude Bowers; outra, o embaixador espanhol na URSS, Marcelino Pascua, que, em uma fugaz viagem a Valência, teve tempo de visitar Márgara para interessar-se por sua situação. Entre essas cartas, há também uma de Maurice Coindreau, de 28 de maio, que confirma o ceticismo do escritor norte-americano em relação às possíveis gestões do ministro: "Dos Passos acredita que não fará nada." Umas linhas mais adiante, Coindreau informa a Lancaster, seu correspondente: "Em todas as investigações, Dos Passos teve que ser muito cuidadoso. Pelo que me contou, as pessoas não se atrevem a falar e medem as palavras. O Ministério da Guerra, onde Robles trabalhava, está completamente dominado pelos russos e é extremamente perigoso trabalhar com eles se não se pertence ao partido." Por via das dúvidas, Coindreau pede a Lancaster a máxima discrição, uma vez que, "devido a suas conexões com o Partido Comunista, Dos Passos poderia ter problemas se viesse à tona que havia revelado o que o governo espanhol fez" a Robles.

Me permiti reproduzir a carta de Coindreau porque ela joga uma luz especial sobre o último episódio daquela desventurada viagem. Katy e Dos estavam prestes a deixar Paris em direção à Inglaterra quando, na plataforma da estação, ocorreu o encontro, talvez não totalmente casual, com Hemingway. Dos Passos, para quem, ao contrário do que Hemingway pensava, este não era um incidente isolado, respondeu que primeiro poria suas idéias em ordem e depois contaria toda a verdade, como a tinha visto. Conversaram brevemente sobre as desgraças das guerras e o sentido que estas tinham, se privavam os cidadãos de suas liberdades. Depois, Hemingway, cada vez mais tenso, quis saber se Dos Passos estava com a República ou contra ela e fez uma advertência: "Se você escrever sobre a Espanha tal como agora a vê, os críticos nova-iorquinos acabarão com você. Vão afundá-lo para sempre." "Nunca ouvi algo tão desprezivelmente oportunista", interrompeu-o então Katy, e ela e o marido, sem voltar a olhá-lo, subiram no trem. Nesse instante, a determinação de Dos Passos já estava consolidada: tornaria pública sua opinião sobre a guerra da Espanha, embora isso fosse custar o sacrifício de suas ligações com os comunistas, que tanto poder tinham nos meios culturais norte-americanos.

Capítulo 6

Embora em algum momento tenha contado com sua colaboração, nem Dos Passos nem Hemingway estiveram entre os 66 delegados que, em julho de 1937, participaram, em Valência, do Congresso de Escritores em Defesa da Cultura. Um mês antes, havia se realizado em Nova York um evento semelhante, o Second American Writers' Congress,* que contou com o comparecimento de Hemingway, mas não de Dos Passos. Na sessão inaugural, Joris Ivens apresentou duas seqüências de *Tierra española*. Finalizada a projeção, Hemingway tomou a palavra para afirmar que a covardia, a traição e o simples egoísmo eram piores que a guerra. Aludia, com estas palavras, ao antigo amigo e ao caso Robles? Townsend Ludington escreveu que Hemingway estava pensando em Dos Passos quando declarou que, embora buscar a verdade pudesse acarretar riscos, era mais útil que disputar, de forma erudita, em torno de assuntos de doutrina: "Para aqueles que não querem trabalhar por aquilo em que dizem crer, e apenas debater e sustentar posições habilmente escolhidas, que não implicam nenhum perigo, sempre haverá novas divisões, novas baixas, doutrinas maravilhosas e exóticas, românticos líderes perdidos."

O risco que Dos Passos estava disposto a assumir era, em todo o caso, bem diferente do que Hemingway se atribuía. Naquela altura, Dos Passos redigiu "Farewell to Europe!", o artigo que, publi-

*Segundo Congresso Americano de Escritores. *(N. da T.)*

cado em julho em *Common Sense*, certificaria sua guinada ideológica e o colocaria em posição de confronto com a esquerda oficial. Tudo, certamente, partia de sua experiência na Espanha, onde havia sido declarado um violento conflito "entre o conceito marxista de Estado totalitário e o conceito anarquista de liberdade individual". Embora Dos Passos ainda acreditasse na vitória republicana e reconhecesse a capacidade de organização dos comunistas, denunciava estes por seus "secretos métodos jesuíticos, sua caça às bruxas contra o trotskismo e toda a complexa e sangrenta máquina da política do Kremlin". O mal-estar provocado pelo que havia visto na Espanha não era, sem dúvida, menor do que o que lhe inspirava a atitude da França e Grã-Bretanha e, se em 1919 havia se despedido do desumanizado capitalismo ocidental com uma referência ao alto muro dos Pireneus, em 1937 se despedia da Europa, celebrando a extensão do Atlântico, "a good wide ocean".* Dos Passos, que em sua juventude tinha buscado refúgio na Espanha, acreditava agora tê-lo encontrado em seu próprio país, melhor preparado que qualquer outro para resolver "a oposição entre a liberdade individual e a organização burocrática e industrial".

Atacado por publicações comunistas, como o *New Masses*, que o qualificou de "esquerdista cansado", a correspondência desse outono reflete o intenso debate desencadeado por seu artigo. Ao velho amigo John Howard Lawson confiou opiniões tais como: "O Partido Comunista está fundamentalmente contra a nossa democracia" ou "os liberais e esquerdistas estrangeiros cometeram um grande equívoco ao não protestar contra o terror russo". Devia ter Lawson na cabeça quando, em dezembro desse ano, publicou um novo texto em *Common Sense*. Intitulava-se "The Communist Party and the War Spirit: A Letter to a Friend Who Is Probably a

---

*"um bom e vasto oceano". *(N. da T.)*

Party Member",* em que reiterava as acusações contra os comunistas que, na Espanha, haviam se dedicado a eliminar "todos os homens com capacidade de liderança que não estivessem dispostos a acatar sua autoridade". Equivocavam-se, portanto, os que acreditavam em uma retificação, e Dos Passos aceitava arriscar-se a ser amaldiçoado pelos mesmos que, durante anos, o haviam considerado um de seus paladinos literários.

A postura do romancista pode ser interpretada como um rasgo de coerência pessoal, mas também como um desafio em relação a todos aqueles que contribuíam para aumentar o engano de que eles próprios eram vítimas. Um deles era Hemingway. As relações entre ambos eram então mais tensas que nunca. Em agosto, perguntaram a Dos Passos sua opinião sobre uma briga de Hemingway com o escritor Max Eastman no escritório do editor da Scribner, briga que o próprio Hemingway havia se encarregado de divulgar, e sua resposta foi: "Uma estúpida montagem de socos para a imprensa; dão vontade de vomitar." E quando, em outubro, seu agente literário sugeriu que pedissem a Hemingway uma frase para a sobrecapa da reedição de *USA*, Dos Passos limitou-se a responder: "Hemingway está descartado por várias razões."

Não faltavam a Dos Passos motivos para mostrar-se reticente. Nesse verão, Arnold Gingrich, diretor da *Esquire*, havia visitado Hemingway em Key West para negociar a publicação de *Ter e não ter*. A discussão foi áspera porque o livro continha longos fragmentos que Gingrich considerava caluniosos contra três pessoas, uma delas era Dos Passos. Segundo Gingrich, "as partes que aludiam a Dos Passos eram fortes, e Hemingway admitia isso". Este, ao final, terminou concordando e optou por cortar o texto e suprimir os

*O Partido Comunista e o espírito da guerra: uma carta a um amigo que provavelmente é membro do partido. *(N. da T.)*

episódios mais comprometedores do manuscrito, o que ajuda a explicar os defeitos de construção desse romance.

Da versão anterior, ficou no livro um personagem secundário chamado Richard Gordon, que estava "escrevendo um romance sobre uma greve em uma fábrica de tecidos" e a quem a mulher acusava de "trocar de opinião política para seguir a moda". Embora as alusões a Dos Passos não tenham ido muito além disso, é provável que a discussão entre Gingrich e Hemingway tenha chegado a seus ouvidos. O enfrentamento entre os dois romancistas a propósito da guerra civil espanhola estava ultrapassando seus textos, e pode-se dizer que se manteria nesse âmbito para o resto de suas vidas. E, inclusive, que lhes sobreviveria em obras póstumas: se *Paris é uma festa*, publicada três anos depois do suicídio de Hemingway, inclui um impiedoso retrato de Dos Passos, em *Century's Ebb*, que apareceu cinco anos depois da morte deste, são recriados vários episódios da guerra espanhola que têm Hemingway como protagonista.

Após o regresso de Dos Passos da Espanha, somente uma vez houve oportunidade para que expusessem cara a cara suas respectivas visões da guerra civil. Aconteceu no início do outono de 1938, semanas antes da quarta e última viagem que Hemingway realizou à Espanha golpeada pela guerra, no apartamento nova-iorquino de Sara e Gerald Murphy, que eram íntimos amigos de Dos Passos desde o início dos anos 20 e continuaram sendo até o final de suas vidas. Naquele dia, Dos Passos e Hemingway saíram para o terraço dos Murphy para conversar e, pouco depois, Dos Passos entrou novamente e comentou com Gerald: "Durante muito tempo, se acredita ter um amigo e, um pouco mais adiante, já não se tem mais." Embora não tenha havido testemunhas da discussão, ninguém duvida de que novamente o tema foi a Espanha. Hemingway teria voltado a acusar Dos Passos de adotar uma atitude interesseira com relação à guerra civil? Segundo aquele, este havia viajado para a Espanha para vender artigos aos meios de comunicação e garantir assim uma fonte de recursos. Isso ao menos é o que se depreende da carta que Hemingway lhe havia escrito em Paris, em 26 de março. Nela, reprovava uma e outra vez que se sentira "justificado para atacar, por dinheiro, as pessoas que ainda estão lutando nessa guerra" e, com muito pouco tato, aproveitava para reclamar a devolução de um empréstimo anterior: "Se você ganha dinheiro e quer me pagar o que deve [...], por que não manda 30 de cada 300 dólares ou 20 ou 10 ou qualquer coisa..."

Cabe imaginar a possibilidade de que, nesse dia, Dos Passos tenha pedido a Hemingway explicações pelos ataques feitos nas páginas de *Ken*, uma revista de esquerda recém-criada por Arnold Gingrich. Fez isso em junho desse ano, com um artigo intitulado "Treachery in Aragon",* e nessa mesma época, exatamente em 22 de setembro, voltaria a fazê-lo com outro, intitulado "Fresh Air on an Inside Story".** Nele, Hemingway falava de um correspondente norte-americano que, procedente de Valência, acabava de chegar ao Hotel Florida. Desde o primeiro momento, o homem se havia mostrado convencido de que, em Madri, dominava o terror. Hemingway, contendo a vontade de lhe dar um soco, perguntou se tinha visto algum cadáver ou algum outro indício de violência, e o outro respondeu: "Não, não tive tempo. Embora saiba com toda certeza." A discussão ocorreu no quarto de uma jornalista americana que, em poucos dias, regressaria a seu país, e o correspondente confiou a ela um envelope fechado com uma suposta crônica de guerra que já tinha sido revisada pela censura. Hemingway fez o possível para advertir a jornalista sobre os riscos que corria na alfândega e o descrédito que recairia sobre o resto dos correspondentes-

*Traição em Aragon. (*N. da T.*)
**Nova luz sobre uma história de bastidores. (*N. da T.*)

tes, caso a crônica fosse publicada. Foi assim que a convenceu a deixá-lo ler o texto que, na verdade, começava falando dos milhares de cadáveres que se amontoavam nas ruas de uma Madri dominada pelo terror... Não sabemos se, como afirma Virginia Spencer Carr, "para a maioria dos leitores de esquerda, não cabia dúvida de que o jornalista careca era uma caricatura de Dos Passos". O que se sabe é que este teve motivo para se sentir atingido. Não só a descrição do embusteiro (boa estatura, olhos ternos e úmidos, calvície mal dissimulada) coincidia com a sua, como também as circunstâncias evocavam alguns dos tensos encontros que tinham mantido, em abril do ano anterior, na presença de Josephine Herbst. Naquela altura, Dos Passos também havia sido para Hemingway um recém-chegado, que falava sobre o que ouvira, sem ter conhecimento direto da situação. Suas divergências já haviam se transformado em sério transtorno no círculo de Hemingway (nesse caso, a equipe de *Tierra española*) e para a imagem exterior da República...

Além dos artigos para as agências, do roteiro de *Tierra española* e do romance *Por quem os sinos dobram*, a guerra civil inspirou Hemingway a escrever uma obra de teatro e uma breve série de contos. A obra de teatro, *A quinta coluna*, foi ambientada no mesmo lugar em que foi escrita, o Hotel Florida, e tem por protagonista Philip Rawlings, um agente do serviço de contra-espionagem que se sente "cansado [...] de matar filhos-da-puta". Dos cinco relatos publicados, entre novembro de 1938 e outubro de 1939, em *Esquire* e *Cosmopolitan*, talvez o mais bem-sucedido seja o primeiro, intitulado "A denúncia".

Para nossa história, também é o mais interessante. A narrativa trata de um fascista, antigo cliente do madrilenho bar Chicote, a quem um dos garçons reconhece e, após muitas hesitações, denuncia por telefone às forças de segurança. Esta denúncia não teria chegado a se realizar se o narrador, personagem evidente do autor e amigo do fascista na época anterior à guerra, não tivesse fornecido o número de telefone ao garçom. O curioso é que o conflito ético se desloca do que seria uma questão razoável (as diferenças políticas justificam a delação de um antigo amigo?) para outro menos desconcertante (como fazer para aliviar os remorsos do delator, que não fez senão cumprir seu dever?). Por paradoxal que pareça, a excelência do relato procede de sua indigência moral. Se a história seduz e inquieta o leitor, é porque este espera que o narrador acabe intercedendo pela vida do ex-amigo. Ao final, certamente, ocorre algo bem diferente. O narrador chama seu contato no serviço de contra-espionagem e, após confirmar que o fascista foi detido em Chicote, afirma: "Diga-lhe que eu o denunciei, mas nada sobre o garçom." "Por que, se não há a menor diferença? É um espião. Será fuzilado", responde o outro, sem dúvida menos cansado de matar filhos-da-puta que Philip Rawlings. O efeito surpresa, que arredonda um relato impecável, apenas reflete o simplismo ideológico do autor, para quem só era bom o que era bom para a causa e, diante disso, qualquer outro valor, inclusive a amizade, ficava para trás. Dos Passos percebeu essa contradição. Tampouco, sem dúvida, passou-lhe despercebido o detalhe de que o interlocutor telefônico, a pessoa do "escritório de contra-espionagem nos quartéis de segurança", a quem o narrador remete o garçom, se chamava Pepe. Não se pode deixar de pensar que, enquanto escrevia o relato, Hemingway tinha em mente outro Pepe, seu amigo Pepe Quintanilla, que tinha um alto cargo no serviço de contra-espionagem, a quem o próprio Dos Passos havia recorrido quando averiguava o paradeiro de Robles. Em todo o caso, a mensagem que Hemingway mandava a Dos Passos através desse relato continuava sendo a mesma de abril do ano anterior: por que dar tanta importância à morte de um antigo amigo que havia sido condenado por espionagem?

Ao analisar a postura de Hemingway diante da guerra espanhola não convém, contudo, cair em reducionismos. O escritor, que carecia de uma sólida formação política, se sentia mais próximo dos comunistas que dos anarquistas, que considerava responsáveis pela desorganização militar e por muitos abusos. Mas essa aproximação era determinada pelas circunstâncias, e Hemingway, que durante a guerra deu prioridade à eficácia bélica, não tardaria a distanciar-se dos comunistas ao término daquela. Em outubro de 1940, publicou *Por quem os sinos dobram*, cujo protagonista, Robert Jordan, é uma mistura de Robert Merriman, chefe do Estado-Maior da Brigada 15 e ex-professor da Universidade de Berkeley, e do próprio Hemingway, que, pela boca do personagem, expressa claramente sua idéia: "Se não se ganha esta guerra, não haverá revolução nem República." Era necessário, portanto, aceitar a disciplina dos comunistas, a única que podia conduzir à vitória. Mas isso era durante a guerra; o pós-guerra seria outra coisa.

Por quem os sinos dobram é, como se pode ver, um *roman à clef* em que foram identificadas as pessoas reais, em quem o escritor se inspirou para criar alguns dos personagens. Pelo marido da intérprete Paulina Abramson (Jadzhi Mamsurov, conselheiro soviético consultado por Hemingway em Valência, em março de 1937), sabemos que as figuras dos guerrilheiros estão baseadas nos integrantes de um destacamento que operava na Extremadura: seu líder, o índio mexicano Miguel Julio Justo, inspirou o personagem Sordo, do mesmo modo que a cozinheira Shura, o especialista em minas Tsevtkov e o mineiro andaluz Juan Molina Bautista inspiraram respectivamente os de Pilar, Miguel e Anselmo. O de Maria, a protagonista feminina, retrata uma doce enfermeira de mesmo nome, que havia sido violentada por soldados franquistas e a quem Hemingway conheceu, na primavera de 1938, em um hospital em Barcelona. Atrás da identidade de Golz, esconde-se por sua vez o general Walter, com quem se encontrou em várias ocasiões (entre outras, a festa da Brigada 15) e que lhe fora apresentado por Mikhail Koltsov. O próprio correspondente do *Pravda* aparece como comunista no cínico e inteligente Karkov que, quando Jordan pergunta se morreram muitos homens do POUM na revolta de Barcelona, responde: "Menos os que foram fuzilados depois e os que ainda serão fuzilados." Outro dos episódios do romance ocorre no Hotel Gaylord, onde Karkov primeiro aperta a mão de sua uniformizada mulher e, mais tarde, a de "uma jovenzinha de aparência esplêndida, que era sua amante", para finalmente deter-se a conversar com um "homem de estatura mediana, de rosto pesado e cinzento, grandes olhos inchados, lábio inferior protuberante e voz de dispéptico". Hemingway não menciona os nomes de nenhum desses três personagens, atrás dos quais se ocultam as verdadeiras mulher e amante de Koltsov (Lisa Ratmanova e María Osten, respectivamente) e o enviado especial do *Izvestia*, Ilya Ehrenburg, de cuja cândida credulidade zomba o romancista.

À diferença do que fez com todos esses personagens, Hemingway preferiu por algum motivo não omitir nem camuflar a identidade do chefe das Brigadas Internacionais, André Marty, que é apresentado como um louco sanguinário, cuja mania de fuzilar as pessoas é apregoada até mesmo por seus subordinados mais próximos: "Esse velho mata mais que a peste bubônica. Mas não mata fascistas, como nós. Nem de brincadeira. Mata uns tipos estranhos. Trotskistas, desviacionistas, todo tipo de bicho raro." Hemingway, que no texto intitulado "Bajo la colina" recriou dois casos de crueldade disciplinar nas brigadas, foi testemunha da sumária execução de dois voluntários anarquistas cujo único delito havia consistido em sucumbir ao esgotamento nervoso, e a decisão de Marty o havia repugnado. Ao apresentá-lo com nome e sobrenome, talvez o escritor tenha buscado algum tipo de reparação simbólica. O fato é que sua caracterização de Marty provocou iradas cartas de protesto de antigos brigadistas como Alvah Bessie e Milton Wolff, que o criticaram por tê-lo convertido em um criminoso. Isso demonstra que o maniqueísmo do escritor admitia múltiplos matizes.

A resposta de Dos Passos aos primeiros ataques de Hemingway surgiu em junho de 1939, com a publicação de *Aventuras de un joven* [*Adventures of a Young Man*]. O livro começa com uma invocação ao século XX, "tempo de aflições", na qual, em tom elegíaco, denuncia a decadência dos velhos valores do liberalismo: "Pelos quais fundamos, longe dos impérios, tronos e principados do globo terráqueo, a república norte-americana." Em meio ao relato, o autor toma novamente a palavra para condenar o totalitarismo soviético que, em seus sótãos ensangüentados e seus registros da polícia secreta, salvou "os instrumentos do absolutismo". E, nas últimas palavras, dirige seus dardos contra o Partido Comunista americano, fortalecido "à custa da ruína da liberdade na Europa e do sacrifício de homens justos".

Seu discurso foi se tornando mais duro, desde "Farewell to Europe!", e se diria que o romance mesmo só pretendia mostrar isso com as andanças do protagonista, Glenn Spotswood. Este é um jovem idealista que, após colaborar para a construção de um movimento sindical revolucionário na convulsionada América dos anos 20 e 30, acaba sendo expulso do partido por antepor seus sentimentos à conveniência deste. Naquela altura, segundo Glenn, a chefia da organização havia perdido o contato com as massas, cujos direitos diz defender e, diante daqueles que acreditam que os fins justificam os meios, Dos Passos afirma: "Os meios são mais importantes que os fins porque os meios modelam as instituições que estabelecem as regras de conduta, enquanto os fins não são nunca alcançados na vida de um homem." Romance de aprendizagem, *Aventuras de un joven* reflete a evolução política do autor, desde o entusiasta ativismo juvenil até a decepção posterior e, não por acaso, os últimos episódios têm como cenário a guerra civil espanhola, à qual Glenn se incorpora para combater pela República.

O itinerário de Glenn reproduz vagamente o que o próprio Dos Passos percorreu em abril de 1937: trem de Paris até uma cidade do Sul da França, carro até a fronteira, encontro com gendarmes permissivos... Cruzados os Pireneus, não demora a encontrar brevemente com dois antigos companheiros de luta política. Um deles é Frankie Pérez, que será fuzilado pouco tempo depois, sob acusação de ter feito resistência armada durante os incidentes de maio em Barcelona. O outro é Jed Farrington que, convertido agora em autoridade militar e referindo-se a pessoas como Frankie, diz: "Nossa missão é ganhar a guerra... Eles nos atrapalham e não nos deixam vencê-la tão rápido quanto gostaríamos. Os piores já foram eliminados..." No personagem de Jed, embriagado pelo grandioso jogo da guerra, não é difícil reconhecer uma cópia de Hemingway, e sua discussão com Glenn permite imaginar como deve ter sido a que Hemingway e Dos Passos mantiveram no terraço dos Murphy: "Suponho que você não pretenderá fazer desses porcos incontroláveis mártires da causa operária", diz Jed.

A sombra das mortes de Pepe Robles e Andreu Nin sobrevoa todo o capítulo e, rapidamente, o próprio Glenn é detido por dois integrantes da Brigada Especial. Depois de permanecer alguns dias em uma cela, é levado ante um simulacro de tribunal que o acusa de ser trotskista e de ter participado ativamente do "levante de Barcelona". Em que se baseia essa acusação? No encontro fortuito de Glenn com Frankie Pérez, através de quem teria estabelecido contato com o "movimento de contra-revolucionários, derrotistas e espiões"... As semelhanças com o caso Robles saltam aos olhos: um tribunal à margem da legalidade, um processo sem nenhum tipo de garantias, uma acusação despropositada, cujo único fundamento é o testemunho de uma conversa casual e sem nada de especial. Não parece improvável supor que, quando Dos Passos escreveu essas páginas, estava na realidade recriando os interrogatórios que tinham colocado seu amigo diante de um pelotão de fuzilamento. Se Glenn não teve a mesma sorte, isso se deve apenas ao fato de que o avanço das linhas inimigas impede que isso ocorra e, ao cabo de alguns dias, é obrigado a aceitar uma missão suicida. O romance termina quando já recebeu o primeiro disparo: "Pensou que tinha que ir embora dali e começou a se arrastar pelo chão. Então estourou algo e caiu rodando na escuridão. Estava morto!"

Em Paris, Hemingway dissera a Dos Passos que os críticos de Nova York acabariam com ele, se divulgasse sua visão da guerra espanhola. Essa profecia, com ares de ameaça, começou a se tornar realidade com suas publicações de 1937 e 1938 (os dois artigos de *Common Sense*, a coleção de textos sobre a Espanha intitulada *Journeys Between Wars*, e a coletânea em um só volume da trilogia *USA*). Críticos que anteriormente tinham elogiado os três romances estavam relendo-os agora, à luz das novas declarações políticas do autor, para concluir que onde haviam visto "indícios de esperança proletária" existia apenas "*merde*". Dos Passos tinha, portanto, boas razões para temer a acolhida de *Aventuras de un joven*, com o qual acabaria de cumprir o vaticínio de Hemingway.

Tome-se como exemplo a opinião de Samuel Sillen, crítico do *New Masses*, para quem o livro era "incrivelmente ruim" e, com sua amarga e estúpida oposição à União Soviética, não passava de uma "tosca mostra de *agit-prop* trotskista"... *Aventuras de un joven* mereceu, nas palavras do próprio Dos Passos, uma "repugnância universal". A expressão foi empregada pelo romancista em uma carta escrita nesse verão para James T. Farrell, um dos poucos que elogiaram a obra. Farrell afirmou, em sua resenha para o *American Mercury*, que o tema do livro era a manutenção da integridade na política revolucionária. Para ele, a má acolhida do romance se devia exclusivamente a razões políticas, opinião que forçosamente devia compartilhar com o próprio Dos Passos, que nessa mesma carta já manifestava ressentimento em relação à crítica literária norte-americana, consumida, segundo ele, por "uma confusão asquerosa". "A corrupção da esquerda parece tê-la contagiado toda", acrescenta Dos Passos, a título de explicação.

Das críticas que então recebeu, a que mais pareceu doer nele foi a que, graficamente intitulada "Disillusionment", publicou seu velho amigo Malcolm Cowley, no *New Republic*. Para Cowley, *Aventuras de un joven* era seu pior romance desde *Primer encuentro*: carente das inovações técnicas da trilogia *USA*, o protagonista não era "suficientemente forte para carregar o peso da história". Sua afirmação de que a viagem de Dos Passos à Espanha durante a guerra (e, em particular, o caso Robles) havia determinado um deslize irreparável induziu o romancista a redigir uma longa réplica. Essa carta ao *New Republic* é importante porque a recriação ali feita da história do assassinato de Robles serviria de base a muitas reconstruções posteriores. Edmund Wilson também contestaria Cowley em uma carta particular, datada de janeiro de 1940. Nela, após evocar com afeto a figura de Robles, com quem havia travado amizade no verão de 1932 em Provincetown, Wilson interpelava o diretor do *New Republic*: "Foram prometidas novas informações [sobre a suposta traição de Robles] quando Dos escreveu a carta ao *N.R.*, mas nunca chegaram." E, finalmente, acusava: "Você escreve melhor que a maioria das pessoas da imprensa stalinista, mas o que você faz não é mais que simples difamação stalinista do tipo mais calunioso e irresponsável."

Em sua réplica a "Disillusionment", Dos Passos renunciava a rebater as objeções expressadas na resenha. Como escreveu em uma carta dessa mesma época: "Não creio que discutir com Malcolm Cowley sobre meus processos mentais ou o que influiu neles possa me beneficiar em nada." Seu prestígio literário iniciava um abrupto declive, e Dos Passos se sentia impotente para detê-lo.

Parece evidente que muitas dessas críticas adversas pretendiam ser represálias por sua transformação ideológica, e Wilson tratou de consolá-lo, falando de algumas resenhas favoráveis aparecidas na equânime Grã-Bretanha: "Imediatamente, para certas pessoas daqui, a questão política eclipsou, em alguma medida [as virtudes do livro]. Lá, na Inglaterra, não há um debate tão aceso entre Trotski e Stalin." Não se deve, entretanto, descartar o fato de que algumas objeções dos críticos norte-americanos eram razoáveis. O próprio Wilson, um homem tampouco suspeito de sectarismo, acreditava que o tema era bom: "Mas, do ponto de vista artístico, não creio que seja uma de suas melhores coisas." E concordava em parte com Cowley, ao afirmar: "Você não falou suficientemente [aos leitores] sobre a alma de Glenn (ou o que quer que seja)." E a mulher de Arturo Barea, Ilsa Kulcsar, que foi alvo da repressão stalinista na Espanha, deu escassas demonstrações de entusiasmo na carta que escreveu em 15 de julho: "Temo que o final seja mais que possível, mas é uma lástima que seu jovem protagonista não possa conhecer uma solidariedade popular como a que conheci na Madri dos primeiros meses, uma experiência que me ajudou a suportar a profunda amargura que, certamente, senti quando começaram a me perseguir." Lida na atualidade, pode-se dizer que, realmente, a visão que *Aventuras de un joven* oferece da guerra civil peca por ser incompleta e, caso seu maior lastro seja o explícito em sua mensagem, por essa urgência para convencer o leitor da veracidade e da justiça de suas propostas.

A literatura de Dos Passos precisaria de mais de duas décadas para recuperar o apreço da crítica norte-americana. Oito anos depois, em uma carta à seção de livros do *Times*, o romancista decidiu tornar pública a opinião que a crítica merecia. Segundo ele, a imprensa nova-iorquina teria praticado "uma censura invisível de todos os livros que, de forma franca e sincera, falavam da vida na Rússia". "E, especialmente, dos livros que não se adaptavam ao modelo de pensamento que nossos entusiastas do regime soviético aprenderam com a diligente e sutil propaganda alimentada neste país pelo Partido Comunista."

Continuava sustentando esse mesmo parecer em janeiro de 1953, quando preparou uma declaração para defender o amigo Horsley Gantt perante o Comitê de Atividades Antiamericanas. Gantt, eminente neurofisiologista e um dos principais introdutores no Ocidente das teorias de Pavlov, era professor da Universidade Johns Hopkins. A amizade que o unia a Dos Passos tinha sido o motivo pelo qual Katy havia ido, na primavera de 1933, a Baltimore para submeter-se a uma operação das amídalas. Esta operação foi seguida de uma inoportuna crise reumática de Dos que, no futuro, voltaria para Baltimore para receber tratamento médico e que, de fato, morreria nessa cidade, em 28 de setembro de 1970. Com a caça às bruxas desencadeada pelo senador Joseph McCarthy, os antigos vínculos de Gantt com os cientistas da URSS o haviam tornado suspeito de filocomunismo, algo que Dos Passos considerava absurdo. Em seu depoimento, o romancista recordava como o antigo interesse pela experiência soviética o havia levado a viajar a esse país em 1928, onde Gantt e ele viram-se pela primeira vez e, para explicar sua própria mudança ideológica posterior, evocava o caso do amigo Robles: "O que vi na Espanha produziu em mim uma total decepção com o comunismo e a União Soviética. O governo soviético dirigia na Espanha uma série de 'tribunais ilegais' (para ser mais exato, bandos de assassinos), que matavam sem misericórdia todo aquele que se interpunha no caminho dos comunistas. Logo depois, manchavam com calúnias a reputação de suas vítimas." As queixas em relação à crítica literária aparecem um pouco mais adiante: "A causa de minha mudança de postura foi penalizada porque, entre os principais críticos de livros, predominam os que se encontram próximos da esquerda; os comentários sobre meus livros têm uma inequívoca tendência a ser menos entusiastas que na minha primeira época, e o que era exaltado como virtude converteu-se em defeito."

O anticomunismo de Dos Passos havia sido reforçado dez anos antes com um outro assassinato, nesta ocasião de Carlo Tresca, o anarquista ítalo-americano que, em 1937, tinha alertado sobre o controle do projeto de *Tierra española* por parte de militantes comunistas. Em 11 de janeiro de 1943, Dos Passos e Tresca comeram juntos em Nova York. Concluído o almoço, o anarquista foi para seu escritório de diretor do jornal *Il Martello*, na Quinta Avenida, e nessa mesma noite, quando saía da redação, foi atingido por tiros de um desconhecido. Embora os motivos do crime nunca tenham sido totalmente esclarecidos (o assassino poderia ser um agente de Mussolini), Dos Passos sempre atribuiu sua instigação "ao mesmo bando que matou Trotski no México". Se, seis anos antes do assassinato de Pepe Robles, Dos Passos havia enfrentado a esquerda oficial, o assassinato de Carlo Tresca renovava tragicamente esse enfrentamento, e seu cada vez mais férreo anticomunismo não tardou em adquirir traços claramente conservadores. Serve de exemplo o fato de que, convencido de que seu país poderia ser vítima de uma conspiração comunista, no princípio apoiou, para desgosto de Edmund Wilson, os objetivos do senador McCarthy e do Comitê de Atividades Antiamericanas e, só após algum tempo, divergiu de seus métodos.

O conservadorismo foi uma das razões, senão a única, que acabou distanciando-o de muitos velhos amigos. Na biografia de Luis Quintanilla, seu filho Paul recorda que, em meados dos anos 40, com o exílio do santanderino nos Estados Unidos, o escritor Elliot Paul evitava encontrar-se com Dos Passos. Em certa ocasião, o autor de *Manhattan Transfer* tinha viajado a Nova York e telefonou para o estúdio de Luis Quintanilla para anunciar sua visita. No estúdio, estava Elliot Paul, que disse: "Se Dos vem, eu me vou." Quintanilla optou, naquele dia, por não receber Dos Passos, e a velha amizade entre eles foi rompida para sempre. A tal ponto que, quando, algum tempo depois, o pintor passou por Provincetown, não quis ver o antigo amigo e, para saber como estava, teve que perguntar ao dono do bar que Dos Passos freqüentava.

Ao crescente isolamento do romancista somou-se, em setembro de 1947, a dor pela morte de sua querida e leal Katy, em um acidente automobilístico, no qual o próprio Dos Passos perdeu a visão de um olho. O abatimento que se seguiu ao fatal acidente manteve-o prostrado durante bastante tempo e, justamente um ano depois, viajou para Havana, numa tentativa de escapar da solidão e de recuperar sua amizade com Hemingway. Após a morte de Katy, este havia enviado um telegrama de pêsames, ao qual respondeu com uma afetuosa e triste carta. Aquele encontro em Havana foi o último dos dois antigos amigos e, de lá, Dos Passos enviou para Sara Murphy um recorte da imprensa local que falava da longa e ruidosa despedida a bordo do *Jagiello* para o autor de *Ter e não ter*, que partia para a Europa em companhia de sua quarta e última mulher, Mary Welsh. Se, nessa carta, mencionava Hemingway, de forma amistosa, como "o velho monstro", na que escreveria ao próprio romancista, em junho do ano seguinte, chamava-o de "velha salamandra". Alguma coisa da antiga cumplicidade sobrevivia, portanto, na nova relação, e a correspondência desses anos entre os dois pode ser considerada abundante. No epistolário coletado por Townsend Ludington, só aparecem duas cartas de Dos Passos para Hemingway, ambas chamativamente breves: uma é a já citada, de junho de 1949, e a outra, de outubro de 1951, uma carta de pêsames pela morte da segunda mulher de Hemingway, Pauline Pfeiffer, que havia sido uma boa amiga de Dos e de Katy.

Nessa época, Dos Passos seguia à distância a carreira literária de Hemingway e a avaliação de suas novas obras era comunicada pontualmente a Edmund Wilson. Em julho de 1950, escreveu para comentar *Do outro lado do rio, entre as árvores*, que o deixara "arrepiado". "Como pode um homem em perfeita consciência colocar tanta merda nas páginas? Todo mundo, ao menos pelo que diz minha própria experiência, escreve toneladas de merda, mas normalmente elas são cortadas", acrescenta. Mais favorável foi sua opinião sobre *O velho e o mar*, acerca do qual escreveu para Wilson, em setembro de 1952, para dizer que, embora parecesse uma operação "astutamente calculada", o romance agradava mais, quanto mais pensava nele. Seus comentários coincidem, em linhas gerais, com a acolhida que ambos os livros tiveram, morna no primeiro caso, entusiasta no segundo e, sobretudo, mostram que o interesse e a admiração pela obra do antigo amigo permaneciam intactos. Não há, em seu epistolário, referência alguma ao prêmio Nobel com o qual Hemingway foi agraciado em 1954, mas sabe-se que um ano antes havia apoiado a concessão de uma medalha de ouro ao autor de *O velho e o mar*: "É a escolha lógica", afirmava em uma carta a Van Wyck Brooks.

Naquela altura, contudo, os últimos resquícios dessa antiga amizade tinham sido consumidos. No final de 1951, Dos Passos publicou seu romance *Un lugar en la tierra* [*Chosen Country*]. Em um episódio, Hemingway aparecia, retratado como George Elbert Warner, que tirava proveito de um escândalo inspirado em um fato que teria ocorrido em Key West, no verão de 1921, quando uma cunhada de Katy disparou acidentalmente contra outra pessoa. A alusão enfureceu Hemingway e, entre essa data e a de seu suicídio, em julho de 1961, não existiu o menor contato entre os dois escritores.

A notícia do suicídio pegou Dos Passos quase embarcando para a Espanha. Nesse verão, em seus passeios pelas ruas de Madri, que tempos atrás haviam percorrido juntos, as recordações do antigo amigo surgiam vez por outra e, em Bailén, escreveu um postal para Sara Murphy em que afirmava: "Até saber de sua infortunada morte não me dei conta do afeto que sentia pelo velho monstro." A ferida que, em 1937, se havia aberto em seu coração, se fechava no mesmo país, 24 anos depois.

Também em 1937, ficou seriamente prejudicada a paixão que Dos Passos sentia pela Espanha e pelos espanhóis. O país que, em suas primeiras visitas, parecera a pátria natural do anarquismo vivia, desde o final da guerra, submetido a uma ditadura militar. As liberdades individuais, cuja defesa constituía

o núcleo da crença política do romancista, eram sistematicamente atropeladas pelas autoridades franquistas: a realidade espanhola devia ser dolorosa para alguém como Dos Passos. Sua nova relação com a Espanha tinha ficado limitada ao contato ocasional com algumas personalidades do exílio: com os refugiados espanhóis que, no início dos anos 40, ajudou através do New World Resettlement Fund;* com Julián Gorkin, para quem escreveu um prólogo; com Ramón J. Sender, com quem se reencontrou em Nova York e a quem visitou em sua casa na Califórnia; com Luis Quintanilla, que em 1943 retratou-o disfarçado de "pintor domingueiro" e de quem não demoraria a se distanciar; com seu velho amigo José Giner, que lhe escrevia com regularidade desde o exílio parisiense; com Salvador de Madariaga, "um cavalheiro a quem apreciava muito"; com a própria viúva de Robles e seus dois filhos, com quem se encontrou várias vezes nos Estados

*Fundo de Recolonização do Novo Mundo. *(N. da T.)*

Unidos e no México... Parece ilustrativo desse distanciamento o fato de que, durante as duas primeiras décadas de existência do novo regime, se negasse a voltar ao país que tanto havia freqüentado entre 1916 e 1937.

É verdade que, em outubro de 1941, havia pisado em solo espanhol, mas essa fugaz visita foi pouco mais que uma escala técnica em uma viagem de volta aos Estados Unidos e só no verão de 1960 decidiu regressar por uns dias à Espanha. Voltou a fazê-lo, desta vez por mais tempo, no verão seguinte, o da morte de Hemingway. Dos Passos viajou em companhia da segunda mulher, Elizabeth, com quem havia se casado em 1949, e a filha de ambos, Lucy, que tinha então 11 anos. Tratava-se, em todo caso, de uma viagem de caráter particular. Ao contrário do que acontecia com Hemingway, cujas permanências na Espanha eram diligentemente aplaudidas pelos meios de comunicação franquistas, as visitas de Dos Passos nos anos 60 deixaram muito pouco rastro na imprensa da época: apesar de seu anticomunismo, Dos Passos dificilmente teria tolerado a utilização de seu nome pela propaganda do regime. Ludington reconstruiu o itinerário dessas semanas do verão de 1961 a partir de suas entrevistas com Elizabeth Dos Passos: primeiro, de Madri a Santander; mais tarde, de Santander a Granada, junto à fronteira portuguesa; e, finalmente, de Granada a Lisboa, de cujo aeroporto voaram para os Estados Unidos. Em todas essas cidades, Dos Passos havia estado em sua juventude e, em todas, havia sido feliz. Não é de estranhar, por isso, que as lembranças de suas antigas vagabundagens pela Espanha, avivadas pela recente notícia do suicídio de Hemingway, o tenham animado a conceber o projeto de escrever *Años inolvidables*, seu livro de memórias, que seria publicado em 1966.

A última vez que, ainda que brevemente, Dos Passos esteve na Espanha foi em novembro de 1967, aproveitando uma viagem a Roma, onde devia receber o prêmio Antonio Feltrinelli. Nessa ocasião, visitou Lisboa e Madri. Em sua morte, três anos depois, a nota necrológica do diário *Arriba* recordava essa última visita e dizia: "Aqui comeu cordeiro assado e parecia continuar com sua vela solta ao vento. Mas já não era senão um esquecido de outra sociedade, que acabava de nascer."

Dos Passos, na realidade, havia se convertido em um escritor do passado. Ele mesmo reconhecia isso de algum modo, em sua autobiografia de 1966, em que mencionava aqueles que tinham sido seus "melhores tempos". O ativismo político fazia parte desses tempos. Katy e a Espanha também. E também, certamente, Hemingway, de quem apresentou uma visão quase exclusivamente afetuosa, embora pouco antes, em 1964, tivesse sido publicado *Paris é uma festa*, em que o velho caçador de leões lhe dirigia um cruel alfinetaço póstumo. O tom nostálgico, embora malicioso, de *Paris é uma festa*, em que Hemingway evocava algumas das amizades de sua juventude européia (Gertrude Stein, Francis Scott Fitzgerald, Ezra Pound...), é quebrado bruscamente nas últimas páginas, quando o autor, rememorando as temporadas de esqui na Áustria, diz: "Foi o ano em que apareceram os ricos." Com os ricos, que não outros senão Sara e Gerald Murphy, aparece também Dos Passos, que, na realidade, visitou Hemingway e sua primeira mulher, Hadley, na localidade austríaca de Schruns, em março de 1926. Mas Dos Passos, ao contrário de Scott e dos demais, sequer é mencionado pelo nome. Apresentado como o "peixe piloto", que precede os ricos "e que, às vezes, é um pouco surdo e, às vezes, um pouco míope, mas que anda sempre se intrometendo, afável e vacilante, antes que eles cheguem", o retrato que Hemingway faz dele é um prodígio de perversidade e rancor, no qual não falta sequer uma injusta alusão ao assassinato de Pepe Robles: "Se mete em política ou em teatro e logo depois sai, da mesma forma que se mete nos países e logo depois sai deles, e quando é jovem se mete em vidas alheias e abre, através delas, uma saída. Ninguém consegue fisgá-lo, nem mesmo os ricos. Não há modo de pescá-lo e só aos que confiam nele aprisiona e mata. Tem [...] um latente amor ao dinheiro, inconfessado por muito tempo. Termina sendo ele próprio rico, e cada dólar que ganha o desloca um grosso dólar mais à direita."

Não é difícil imaginar o impacto que a leitura desses parágrafos deve ter causado em Dos Passos. Naquela época, este já tinha começado as pesquisas para escrever *Años inolvidables* que, apesar dos ataques a Hemingway, não deixa de ser a história de uma antiga camaradagem de que o velho Dos Passos sempre sentia saudades. Seu primeiro encontro aconteceu na Itália, em 1918, quando ambos colaboraram como voluntários em diferentes seções de ambulâncias da Cruz Vermelha. Sua amizade, entretanto, não floresceu até o encontro em Paris, cinco ou seis anos depois. A partir de então, compartilharam um sem-fim de experiências: as festas de San Fermín em Pamplona, as temporadas de esqui em Schruns ("Éramos todos irmãos e irmãs quando nos despedíamos"), as temporadas de retiro em Key West, inclusive um acidente automobilístico que custou a Hemingway várias semanas de internação em um hospital... Só ao final do livro, quando os bons tempos já estão praticamente no fim, Dos Passos deixa perceber alguma reprovação à crescente egolatria de Hemingway, "o famoso autor, o grande pescador, o extraordinário caçador na África".

O penúltimo parágrafo que lhe dedica está impregnado de nostalgia pelos almoços, no verão de 1933, na Casa Botín: "Foi durante aquelas refeições que Hem e eu discutimos pela última vez sobre a Espanha sem nos aborrecermos." No último parágrafo, entretanto, tudo parece ter mudado. Conta aí que, em um inverno, Katy e ele chegaram a Key West e descobriram um horrível busto de Hemingway dominando o vestíbulo da casa. Dos Passos adquiriu logo o costume de tentar acertá-lo com o chapéu, da porta, cada vez que entrava. Um dia, Hemingway surpreendeu-o fazendo isso e, ofendido, retirou o chapéu da cabeça do busto. "Ninguém fez nenhum comentário, mas desde então as coisas não voltaram a ser como antes", escreve Dos Passos, e se poderia dizer que o autor anônimo da escultura de estuque foi, em alguma medida, responsável por tudo o que viria depois.

Capítulo 7

Mas regressemos à guerra civil. Regressemos a 1937.

No início desse ano, apareceu em Valência uma trintona inglesa chamada Kate Mangan. Diferentemente da maioria dos jovens que naquela época chegavam à Espanha republicana, Kate não tinha viajado para aderir à luta contra o fascismo. O motivo de sua viagem era encontrar o ex-amante, Jan Kurzke, brigadista de origem alemã que se recuperava das feridas de guerra no hospital La Pasionaria, um antigo convento de freiras nas proximidades de Valência. Em junho desse mesmo ano, Kate conseguiria partir com Jan para que ele concluísse a recuperação na Inglaterra. Foi então que decidiram escrever juntos *The Good Comrade*, um livro sobre suas experiências na Espanha. O início da Segunda Guerra Mundial e a prisão de Jan em um campo de concentração acabariam separando-os, mas a filha de ambos, Charlotte, conservou o manuscrito inédito da mãe e conseguiu o do pai.

O depoimento de Kate Mangan é particularmente interessante porque, durante a maior parte do tempo que passou em Valência, trabalhou como secretária no Escritório de Imprensa Estrangeira. O emprego havia sido obtido através de Liston Oak, a quem fora apresentada pela amiga com quem compartilhava o quarto no Hotel Inglês, Louise Mallory. Seu espanhol estava longe de ser fluente e, apesar disso, seus superiores recorreram a ela em várias ocasiões para que transcrevesse os discursos das mais altas autoridades da República (Azaña, entre elas) e acompanhasse, na condição de intérprete, alguns

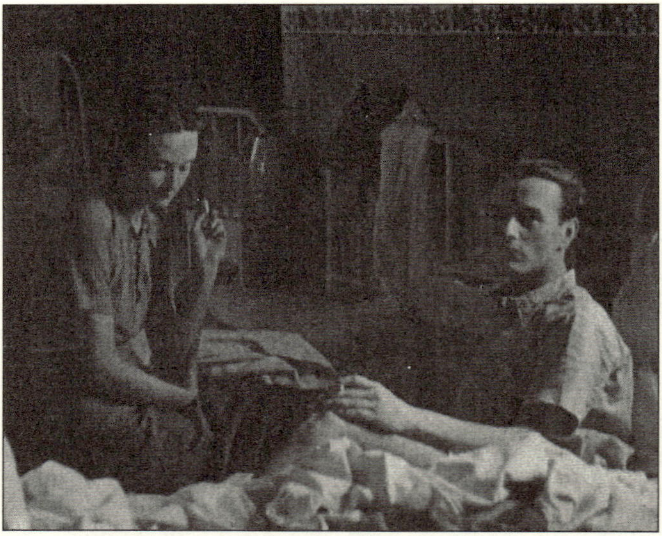

correspondentes que queriam visitar a frente de Teruel ou de Madri ou, ainda, conhecer o funcionamento dos Tribunais Populares. Mas sua atividade habitual se realizava no próprio Escritório e, em suas memórias, menciona alguns dos visitantes mais assíduos: Ernest Hemingway, Ilya Ehrenburg, Egon Erwin Kisch. Com John Dos Passos, esteve apenas uma vez. O encontro não foi na sede do escritório, mas em uma esquina próxima e não parece especulação afirmar que Dos Passos (a quem surpreendentemente descreve como "amarelo, pequeno, de óculos") havia acabado de receber a notícia do desaparecimento do velho amigo Robles Pazos.

O número de pessoas que trabalhavam no Escritório chegaria, em meados do ano seguinte, a 52, mas naquela altura devia ser bem menor. O diretor era Luis Rubio Hidalgo, que, segundo Constancia de la Mora, pouco gostava de atender os jornalistas estrangeiros, que solicitavam passes para ir até o *front,* alojamento na capital provisória da República, lugar em algum veículo que pudesse levá-los a Madri, ou entrevistas com este ou aquele integrante do governo. Devia o cargo à sua amizade com Julio Álvarez del Vayo. O mesmo, ao que parece, acontecia com Constancia. De acordo com seu próprio testemunho, foi a mulher do ministro que, em janeiro de 1937, a convidou a ingressar no Escritório, embora a nomeação oficial, como recorda em *Cambio de rumbo* Ignacio Hidalgo de Cisneros, tivesse partido do subsecretário do Ministério do Estado e arquiteto Manuel Sánchez Arcas.

Constancia de la Mora era chamada de Connie porque havia estudado em Cambridge. De família aristocrática, filha de um latifundiário e neta, por parte de mãe, do político conservador Antonio Maura, conheceu Hidalgo Cisneros quando tinha 25 anos e uma filha de 4, fruto de um primeiro matrimônio. Seu casamento civil com Hidalgo foi um dos primeiros após a aprovação da lei do divórcio e a cerimônia teve como testemunha Juan Ramón Jiménez, cuja mulher, Zenobia Camprubi, era uma boa amiga de Constancia e proprietária da loja de artesanato em que esta trabalhava naquela época. Elegante, poliglota e ardorosa comunista, reunia as condições ideais para dirigir o Escritório, e até Barea, que fez dela um retrato impiedoso ("os modos imperiosos de uma matriarca, a simplicidade de pensamento de uma pensionista de convento"), reconheceria seus dotes de organizadora. Com a cumplicidade de Valentín, caixa, secretário e homem de confiança de Rubio, Constancia foi liberando-o gradualmente de responsabilidades e ocupando parcelas cada vez maiores de poder, até acabar, após alguns meses, assumindo a direção, enquanto Rubio era enviado a Paris para dirigir a Agência Espanha de notícias.

Entre as pessoas que trabalhavam então no Escritório, predominavam as jovens estrangeiras: havia Kate, havia uma tal Gladys que, no primeiro dia, chamou a atenção de Constancia pelo ar descuidado de suas roupas, havia uma mexicana chamada Carmen, que não gostou da entrada de Kate, havia Poppy Smith, uma jornalista norte-americana que constantemente brigava com Carmen porque esta zombava de seu modo de vestir... Mas também havia alguns homens: entre eles, dois austríacos que se chamavam Selke e Winter (que eram jocosamente chamados de Rosencrantz e Guildenstern, como os personagens de Shakespeare), o próprio Liston Oak e o poeta W. H. Auden, que, apesar das reticências de Oak, colaborou brevemente no Escritório e foi quem traduziu para o inglês o já mencionado discurso de Azaña.

Entre esses homens, estava também Coco Robles Villegas. Tímido, alto, magro, de tez morena e dentes muito brancos, com uns olhos cinzentos de longas pestanas e uma mecha de cabelo preto caindo sobre a testa, Coco não tinha 17 anos no dia em que Málaga foi tomada pelas tropas de Franco. Quando a notícia chegou a Valência, Kate tinha saído para tomar um chá em um bar próximo chamado Wodka, na rua de la Paz. Na volta, encontrou Coco e Constancia de la Mora sozinhos no Escritório, chorando. "Málaga, é verdade?", disse ela e o rapaz, envergonhado de suas lágrimas, assentiu com a cabeça.

A desolação de Coco era sincera. Como o pai, acreditava na causa republicana. Também como o pai, havia sacrificado a plácida segurança da vida norte-americana para entregar-se à defesa dessa causa. Na realidade, poderia ter ingressado na Universidade Johns Hopkins para iniciar estudos de filosofia, em que se havia matriculado, mas tinha preferido permanecer naquela Espanha castigada pela guerra.

Sua extraordinária facilidade para idiomas foi sem dúvida o motivo pelo qual lhe ofereceram trabalho no Escritório de Imprensa Estrangeira: falava com perfeição francês e inglês (este, com um sotaque de Baltimore, muito apreciado pelos visitantes e companheiros de trabalho norte-americanos), se defendia no italiano e no português, e estava estudando russo porque pretendia ser enviado à União Soviética, em algum emprego diplomático. Essa aspiração não era, em absoluto, despropositada. Naquele primeiro momento, o embaixador espanhol em Moscou (o primeiro após o restabelecimento de relações) era o socialista Marcelino Pascua, bom amigo da família Robles desde que, nos anos 20, passou uma longa temporada em Baltimore, aperfeiçoando seus estudos de medicina na Universidade Johns Hopkins, e não é arriscado supor que, em alguma ocasião, como Coco comentou com Kate, tivesse sugerido sua incorporação ao pessoal da embaixada.

Havia no escritório várias pessoas encarregadas de censurar as crônicas que os correspondentes estrangeiros enviavam às redações das agências e dos jornais. Censurar queria dizer assegurar-se de que as mensagens se atinham à verdade dos fatos e que essa verdade não incluía nenhuma informação que pudesse ser útil ao inimigo. Uma vez que o censor aprovasse um texto, solicitava-se a ligação. O local dispunha somente de dois telefones dos quais se podia fazer chamadas internacionais e, freqüentemente, estavam ocupados com comunicações oficiais. Quando, finalmente, o jornalista entrava na cabine para ditar o artigo, o censor escutava pela extensão na sua mesa. Conferia as palavras com as do texto aprovado e, se percebia alguma modificação, tinha apenas que acionar uma pequena alavanca para interromper a comunicação.

Mas entre as obrigações de Coco não estava a de ser censor. Demasiado jovem para essa tarefa, Luis Rubio e Constancia de la Mora preferiam, além disso, confiá-la a funcionários cuja afinidade política não deixava margem a dúvidas: os limites entre a censura e a propaganda eram, no fundo, difusos. A missão de Coco consistia, de um lado, em atuar como guia de correspondentes que chegavam à Espanha republicana e, de outro, revisar, junto com a própria Kate, todos os jornais e revistas, selecionando os artigos que deviam ser traduzidos ou recortados. Com o salário que recebia pelo trabalho, provia as necessidades da irmã e da mãe.

A consternação com que Márgara Villegas vivia esses acontecimentos acabou produzindo uma profunda depressão que, somada a seu precário estado de saúde, a manteve durante vários meses recolhida em casa. Embora mais tarde, em Barcelona, ela também fosse colaborar com o Escritório, Kate Mangan não recorda de tê-la visto aparecer por lá. Via, sim, a pequena Margarita, Miggie. Morena como uma havaiana, de sorriso deslumbrante, pele suave e cabelos encaracolados na altura dos ombros, Miggie de vez em quando ia almoçar com o irmão e, em algumas tardes, ia buscá-lo com uns amendoins e maçãs, para fazerem um piquenique na praia. As circunstâncias tinham forçado Coco a preencher o vazio deixado pelo pai e a desenvolver um forte instinto de proteção. Em uma ocasião, soube que Miggie havia ido ao Wodka com uma amiga e proibiu-a de voltar lá. Em outra, foram ao cinema com um brigadista inglês e Coco, por via das dúvidas, insistiu em sentar-se entre o soldado e Miggie. Ela tinha 13 anos, mas aparentava um pouco mais e todos no Escritório estavam muito orgulhosos dela, tão inteligente e tão madura. Um dado que Kate não menciona em suas memórias, mas que seguramente conhecia, reforça essa impressão: a pequena Miggie, querendo contribuir para a maltratada economia familiar, havia começado a trabalhar nos laboratórios do Ministério de Propaganda sob as ordens de Lladó, um dos fotógrafos que atuavam na linha de frente e durante os bombardeios. Só a inquietação de Coco com a formação da irmã conseguiu persuadi-la a deixar o emprego e retomar os estudos no Instituto-Escola da Gran Vía Ramón y Cajal.

Ao longo da primavera, o departamento de Línguas Latinas da Universidade Johns Hopkins continuou tentando esclarecer o ocorrido com Robles. Por solicitação de Henry Carrington Lancaster, o professor da Universidade de Wisconsin, Antonio G. Solalinde, escreveu ao ministro de Comunicações, Bernardo Giner de los Ríos, que respondeu dizendo: "A única coisa certa é que não há rastro dele nos arquivos da polícia e que não foram capazes de encontrar em lugar algum." Em carta a Lancaster, Maurice Coindreau comentaria, duas semanas depois, que Giner havia sido ludibriado pela polícia. Segundo Coindreau, o governo espanhol não queria "a menor publicidade e mentiu ao jornal *The Sun*, da mesma forma que para Giner de los Ríos".

A esta altura, entretanto, a morte de Robles já não era segredo, e Lancaster designou para ocupar sua vaga o poeta Pedro Salinas, que havia passado por Baltimore para fazer um ciclo de conferências sob o título "O poeta e a realidade na literatura espanhola" e que trabalharia na Johns Hopkins nos dois semestres seguintes. A firme determinação de Lancaster de preservar o lugar de Robles é confirmada em carta do próprio Salinas que, ansioso para obter um emprego estável na universidade norte-americana, escreveu a Germaine Cahen, mulher de Jorge Guillén. Nela, após referir-se de forma bastante desrespeitosa a José Robles ("um insensato que foi à Espanha, trabalhou no governo com coisas de propaganda e está agora preso porque é um atrevido no falar e coloca todo o governo em risco"), queixava-se do fracasso das intrigas para substituí-lo: "O chefe do departamento disse que estão decididos a esperá-lo." Em favor de Salinas, é preciso afirmar que a carta tem data de 8 de março, quando, em Baltimore, ainda se desconhecia o trágico final de Robles.

Como Coco reagiu à morte do pai? Sua dor e seu abatimento eram tão intensos que se negava a falar sobre o assunto e, segundo Kate, que sentia muita pena dele, isso o levou a sacrificar muitos de seus projetos e ilusões: renunciou ao sonho de ser membro do corpo diplomático na Rússia e, apesar de suas sinceras convicções progressistas, deixou as Juventudes Socialistas Unificadas. No que diz respeito a este último ponto, há dúvidas. De acordo com declarações do próprio Coco, em agosto do ano seguinte, diante do juiz de instrução de sua causa no tribunal militar franquista, sua filiação às Juventudes Socialistas datava de outubro de 1937, oito meses depois, portanto, da mais provável data da morte do pai. Sua irmã Miggie, contudo, que acabaria incorporando-se às JSU, não lembra da militância de Coco, em qualquer agremiação política. No procedimento sumaríssimo de urgência consta, ainda assim, que em julho de 1938, quatro meses antes de completar 18 anos, ingressou no Partido Comunista, dado este que Miggie desmente e que poderia ter sido uma simples suposição do militar que ouviu seu depoimento.

O que parece fora de qualquer dúvida é sua lealdade à causa antifascista. Isso é comprovado por um episódio recordado por Stanley Weintraub, segundo quem uma noite apareceu no Escritório de Imprensa o escritor Elliot Paul, que havia encontrado com John Dos Passos em Paris. "Não sei o que aconteceu. Não quer saber mais nada sobre a Espanha. Anda com uma história de um amigo que foi morto como espião", comentou Elliot Paul com Constancia de la Mora, e Coco, que assistia à conversa, interveio para dizer: "Espero que isso não faça Dos Passos perder o interesse pela luta contra o fascismo na Espanha. Esse homem era meu pai."

Isso deve ter ocorrido no final de maio ou início de junho. Naquela altura, ninguém no Escritório de Imprensa ignorava que José Robles Pazos tinha sido assassinado por agentes da polícia secreta soviética, quer dizer, por uns comunistas estrangeiros que trabalhavam em estreita colaboração com os comunistas do governo republicano e que, ao menos em teoria, estavam submetidos à autoridade destes. Kate Mangan diz que a única funcionária do Escritório que se atreveu a protestar energicamente contra o caso foi Poppy, a jornalista norte-americana, e reveladoramente acrescenta: "Era evidente que nossos colegas espanhóis eram uns infelizes, impotentes para fazer qualquer coisa a esse respeito."

O depoimento de Liston Oak esclarece esses comentários. Segundo Oak, o superior direto de Coco, Luis Rubio Hidalgo, defendeu abertamente a inocência de seu pai, e o mesmo pode ser dito do ministro de Estado, Julio Álvarez del Vayo. As palavras de Liston Oak apenas confirmam a observação de Kate Mangan sobre a impotência dos colegas espanhóis: todos sabiam que José Robles era inocente das acusações de traição que lhe imputavam, mas nem o próprio ministro havia sido capaz de impedir sua execução.

O estado de ânimo de Coco não podia ser pior. À desolação provocada pela morte de seu pai somava-se o grave dilema que as circunstâncias dessa morte traziam com elas. O Escritório era, em geral, controlado por comunistas obedientes às determinações do Kremlin, começando pela própria Constancia de la Mora, que, apesar de tudo, tampouco se livraria de ser considerada suspeita. Como Coco poderia conviver com esse ambiente de rigidez e sectarismo, que justificava uma perseguição, cuja primeira vítima não havia sido senão seu pai? Sem dúvida, houve momentos em que lhe passou pela cabeça a possibilidade de largar tudo. Abandonar o Escritório. Ir embora. Talvez voltar à América com Márgara e Miggie. Essa tentação, entretanto, chocava-se tanto com a realidade como com o desejo: com a difícil realidade de uma mãe deprimida e uma irmã pequena, das quais tinha que cuidar, e com o vigoroso desejo de contribuir para a defesa da República. Para ele, ir embora seria o equivalente a desertar, a trair seus ideais, e o que Coco queria era desmentir com sua conduta aqueles que tinham acusado seu pai de traidor. Se continuou trabalhando a serviço da República foi, em última análise, para defender a memória do pai.

Pelas cartas de Márgara, sabemos que ela tentou deixar a Espanha e, sobretudo, enviar Miggie para algum lugar seguro. Sua nacionalidade norte-americana permitia que saísse do país a qualquer momento e, tanto Maurice Coindreau como Esther Crooks, professora do Goucher College de Baltimore, lhe ofereceram alojamento. Mas Miggie ainda era uma menina e Márgara temia o fato de que a filha tivesse que atravessar sozinha o território francês, para embarcar, também só, em um transatlântico. Como sempre, existia além de tudo o problema do dinheiro. Se tivessem prosperado as gestões que estavam sendo realizadas para receber o seguro de vida de Pepe, sem dúvida mãe e filha teriam deixado a Espanha, e os possíveis destinos, além dos Estados Unidos, seriam a Argentina, onde naquela altura vivia uma das irmãs de Márgara, e a França, onde Dos Passos havia aconselhado que se refugiassem.

A apólice do seguro chegava a quase cinco mil dólares, mas a Continental American Life Insurance Company insistia que só pagaria se fornecessem um documento comprovando a morte de Robles, e esse documento não existia, pelo menos no momento. Em situação parecida encontrava-se outra soma (em torno de 500 dólares) que o editor de *Cartilla española* devia a Robles, por direitos autorais. Era como a pequena merluza, que morde o próprio rabo: Márgara não podia deixar a Espanha porque não tinha dinheiro, e não tinha dinheiro porque faltava uma certidão que só podia conseguir na Espanha. No caso da apólice do seguro, havia ainda outra questão: para manter sua vigência, alguém tinha que pagar as taxas trimestrais. Disso se encarregou no primeiro momento a própria Johns Hopkins, e, mais tarde, apesar das dificuldades financeiras que atravessava, o bom amigo norte-americano que não era outro senão John Dos Passos.

Ele e Lancaster continuavam velando pela sorte dos Robles, do outro lado do Atlântico. No dia 6 de novembro, um colaborador de Lancaster pediu ajuda ao Departamento de Estado para que exigisse do governo espanhol a certidão de óbito. A resposta do Departamento de Estado, rápida e taxativa, é muito parecida com outra recebida anteriormente para um pleito não muito diferente: já que Robles não tinha nacionalidade norte-americana, não podiam fazer nada. O dinheiro, portanto, devia esperar.

Nesse mesmo mês, o Escritório foi levado para Barcelona e passou a ocupar algumas salas na sede do Ministério de Estado, do qual dependia a Subsecretaria de Propaganda, desde o desaparecimento, em maio, do efêmero Ministério da Propaganda. A mudança coincidiu com a substituição de Luis Rubio por Constancia de la Mora na sua direção. O Ministério de Estado estava instalado na avenida Diagonal, então chamada avenida do 14 de Abril. A família Robles vivia agora muito perto dali, em um apartamento na rua Rosellón, perto do Paseo de Gracia. Em Barcelona, os removidos eram encaminhados para moradias de partidários da rebelião que tinham sido socializadas. Isso foi o que aconteceu na mudança dos Robles para o apartamento na Rosellón, 271 e, em uma história como esta, em que aparecem tantos nomes de escritores, não se pode deixar de registrar que o apartamento já pertencera a José María Carretero, autor de medíocres romances eróticos e folhetinescos, em que utilizava o pseudônimo de "O Cavaleiro Audaz", e que, após ter sido um ardoroso defensor da ditadura de Primo de Rivera, havia abraçado com entusiasmo a causa franquista. Márgara e os dois filhos não viviam sozinhos no apartamento do Cavaleiro Audaz. Dividiam-no com uma das irmãs daquela, Concha Fernández de Villegas (este era o nome completo de Márgara), e a filha Paloma.

Os primeiros meses em Barcelona foram relativamente tranqüilos. Miggie estudava no Instituto Ausiàs March e participava ativamente das campanhas da JSU: em duas ocasiões e por solicitação do Comissariado de Guerra, chegou a visitar, com outras moças da Juventude, os soldados da Brigada Lincoln, cuja moral tentavam levantar com conversas, músicas e danças. Coco, enquanto isso, continuava no Escritório de Imprensa, onde agora também trabalhava Márgara, e ambos recebiam demonstrações de carinho de Constancia de la Mora e de proteção de Álvarez del Vayo. As atenções por ele dispensadas aos Robles eram até certo ponto suspeitas e só podem ser explicadas por algum tipo de remorso ou sensação de culpa: certamente, a incapacidade de salvar a vida do cabeça da família continuava pesando em sua consciência. Mas é verdade que Coco, como mais tarde declararia perante o juiz instrutor de sua causa, era convidado com alguma freqüência para comer em sua residência particular e que Márgara acabaria fazendo boas amigas, como a mulher de Álvarez del Vayo, Luisa, de nacionalidade suíça. De fato, Márgara, Luisa e a mulher (esta não era suíça, mas russa) do presidente do Conselho de Ministros costumavam reunir-se todas as tardes para tomar chá na casa do casal Negrín, no próspero bairro de La Bonanova, e sem dúvida Márgara aproveitava esses encontros para trazer à baila o assunto da certidão de óbito. Suas cartas da época retomam sempre o tema. A empresa seguradora continuava se recusando a pagar, e sua única concessão havia sido considerar o caso de Robles como um desaparecimento. Com isso, "se a situação perdurar por sete anos, os beneficiários poderiam empreender ações legais em um tribunal para que fosse declarado legalmente morto". Sete anos: quem sabe onde estariam Márgara e os seus, sete anos depois? Lancaster e Dos Passos, exasperados, colocaram o caso nas mãos de um advogado e, enquanto isso, insistiam com Márgara para que fizesse valer suas boas amizades. Mas estas, entretanto, não pareciam ser de muita ajuda: embora tanto Negrín quanto Álvarez del Vayo prometessem, de forma reiterada, conseguir a ansiada certidão, no final sempre surgia algum problema legal que o impedia.

Naquela altura, Kate Mangan já tinha voltado para a Inglaterra. As novas instalações, como lembra Constancia em suas memórias, tinham portas de cristal e, cada vez que as sirenes anunciavam um bombardeio, os funcionários do Escritório se amontoavam atrás de poltronas e sofás, junto às escassas divisórias, onde não havia portas nem janelas. Os bombardeios sobre Barcelona pela Aviação Legionária Italiana, com base nas Baleares, eram intensos e freqüentes, porque essas eram as novas técnicas de terror aéreo: uma cadeia ininterrupta de ataques, que obrigaria a população a fugir para o campo ou recolher-se nos mais de 1.300 abrigos antiaéreos localizados no subsolo da cidade. Os piores dias foram 17 e 18 de março, em que os aviadores italianos jogaram 44 toneladas de bombas e provocaram um milhar de mortos. Enquanto isso, a ofensiva das tropas nacionais sobre a Catalunha parecia incontível. Em 8 de abril, em pleno desmoronamento da frente de Aragon, conseguiram tomar a localidade leridana de Tremp, onde estava a maior usina de eletricidade da Catalunha, e boa parte de Barcelona ficou sem energia: ruas escuras, bondes e trens elétricos inutilizados.

Coco Robles acabava de fazer 18 anos e estava para ser chamado para o serviço militar. Em 20 de abril, duas semanas antes que isso acontecesse, foi ao quartel Francesc Macià e apresentou-se como voluntário. De acordo com declarações posteriores, fez isso porque pensava que, deste modo, teria alguma vantagem na hora de escolher seu destino. Acolhida ou não essa pretensão, foi designado para o XIV Corpo do Exército que, de acordo com um informe do Serviço de Informação da Polícia Militar franquista, era "composto exclusivamente por guerrilheiros". Paulina Abramson fala, em *Mosaico roto*, do XIV Corpo, comandado pelo tenente-coronel Domingo Ungría (um homem pouco "preparado teoricamente, mas inteligente"), e recorda os nomes de alguns instrutores, entre os quais havia soviéticos, mas também um polonês, um tcheco, um montenegrino, um sérvio, um búlgaro...

Durante um mês e meio, Coco recebeu instrução na escola de práticas do XIV Corpo, situado em Valldoreix, nas proximidades de Barcelona, onde foi iniciado por especialistas em topografia e manejo de explosivos. A escola, de acordo com o relato de Abramson, ficava longe das estradas mais movimentadas, e os soldados conheciam o centro como "a Casa Vermelha". Foi ali que Miggie, em companhia de algumas amigas da JSU, foi visitar o irmão pouco antes que, em 8 de junho, ele se incorporasse à Brigada 26 da Divisão 75 do XIV Corpo, que estava aquartelada em Coll de Nargó, uns 30 quilômetros ao sul de Seo de Urgel, e operava no Pireneu de Lérida.

A Divisão 75 era composta de três brigadas, com uns 130 homens cada uma. Sua missão consistia em entrar, à noite, nas linhas inimigas e colocar explosivos (ou, como eles diziam, petardos) em pontos estratégicos. Pouco antes de intervir em suas duas únicas ações militares, deixou claro, em uma carta a Esther Crooks, o quanto se sentia orgulhoso de poder defender a República com armas: "Sou um soldado do exército republicano espanhol que luta contra um invasor estrangeiro."

A primeira ação foi realizada nos arredores de Sort e terminou em fracasso: conseguiram colocar um petardo, mas a explosão não teve conseqüências maiores. Na segunda, foi ainda pior. As ordens eram recuperar Tremp para restabelecer o fornecimento de energia elétrica para Barcelona. Na noite de 28 de julho, depois de uma caminhada de mais de 50 quilômetros por trilhas na montanha, a brigada tentou atacar o destacamento que protegia as instalações. Não só não conseguiu colocar nenhum petardo, mas também se retirou sem ordem alguma, o que acabou resultando em uma autêntica debandada. A escuridão da noite e o terreno acidentado contribuíram sem dúvida para a confusão e, entre os diversos grupos de soldados que perderam o contato com a maior parte da brigada, estava o de Coco. Com ele estavam um andaluz de 26 anos chamado Francisco García Durán, um aragonês de 28, chamado Julio Lasierra Banzo, e dois catalães, Francisco Cerdá e Antonio Rigol, de 20 e 31 anos, respectivamente. Após várias horas de caminhada sem rumo, decidiram descansar e acabaram dormindo. E assim, dormindo, foram encontrados por uma unidade do exército de Franco, às 7h da manhã do dia 29. No momento da captura, Coco carregava um mosquetão de fabricação tcheca e quatro bombas de mão.

Entre 1936 e 1939, cerca de 500 mil prisioneiros foram levados para os mais de cem campos de concentração franquistas. O quartel-general de Franco pretendia criar uma rede estável de campos, na qual prenderia os "inimigos da Espanha" e os submeteria a programas de reeducação ideológica, moral e religiosa. Entretanto, a crescente abundância de presos e a própria dinâmica da guerra colocaram o sistema à beira do colapso e facilitaram o triunfo da improvisação, motivo pelo qual muito poucas vezes eram respeitadas as garantias da Convenção de Genebra de 1929, que teoricamente devia protegê-los. Em muitos desses campos, o número de presos ultrapassava em três vezes a capacidade máxima, e não foram poucos os casos em que a própria Inspeção de Campos de Concentração de Prisioneiros recomendou o fechamento de alguns por falta de água e de latrinas. Percevejos e piolhos invadiam os barracões em que os presos se amontoavam e estes tinham que desinfetar a roupa, lavando-a em água fervendo. Às más condições higiênicas somava-se a precariedade da alimentação, tornando-se causa direta da morte de um bom número de prisioneiros. A dieta diária consistia normalmente de um minúsculo pedaço de pão e um caldo de batata ou de um par de latas de sardinhas. Só os que recebiam alimentos das famílias escapavam da desnutrição, e a transferência para um campo longe da própria província equivalia em muitos casos a uma condenação à morte. Os que sobreviviam à fome (e ao tifo, que fazia estragos entre a população reclusa) permaneciam à espera de ser enviados ao serviço militar, à prisão, aos batalhões de trabalho ou ao paredão de fuzilamento.

Junto à cidade de Saragoça, devido à sua proximidade com algumas das frentes mais ativas e duradouras da contenda, havia dois grandes campos de concentração quase contíguos: um, no final de San Juan de Mozarrifar e, outro, nos terrenos da Academia Militar, em San Gregorio. O de San Gregorio existia desde o início da guerra; o de San Juan, pelo qual passaram mais de 80 mil prisioneiros, entrou em funcionamento em fevereiro de 1938, devido à saturação daquele. Os dois estavam encravados em uma região de vegetação escassa, sem árvores que aliviassem, com sua sombra, o asfixiante calor do verão aragonês. Foi para o campo de San Gregorio que levaram Coco no dia 29 e onde, muito pouco tempo depois, foi instruído um sumaríssimo processo de guerra.

Com a costumeira retórica da justiça militar franquista, que considerava rebeldes aqueles que defendiam o regime republicano legalmente constituído, foi acusado de adesão à rebelião. Em 13 de agosto, prestou depoimento. Coco, fiel a seus princípios, disse que nunca havia tido a intenção de passar para o lado dos nacionais e que acreditava firmemente na vitória final do grupo republicano. Depois, pediu que informassem de sua detenção o bom amigo Julio Álvarez del Vayo, de quem esperava gestões para uma possível troca. Não deixa de ser um arroubo de ingenuidade: por um lado, porque as trocas de prisioneiros eram totalmente excepcionais (Franco, de fato, sempre manifestou oposição a todo projeto de troca que não fosse de alemães e italianos, o que sem dúvida atendia às exigências de seus aliados); por outro, porque Álvarez del Vayo, que havia sido incapaz de evitar o assassinato de seu pai por pessoas supostamente controladas pela autoridades de seu governo, dificilmente poderia influir no governo rival para melhorar a sorte de Coco.

A morte de Robles Pazos, além disso, não só não ia facilitar a defesa do filho, mas corria o risco de se tornar um sério agravante: em uma ata de 19 de agosto, da Comissão de Classificação de Prisioneiros e Apresentados, redigida em rude prosa de quartel, considerava Coco "um poderoso auxiliar da Rebelião, sendo paradoxal [sic] esta colaboração, após o assassinato de seu pai, o que revela sua moral maculada". Devido à escassa relevância política de Coco, este fator deve ter sido determinante para que a comissão decidisse por unanimidade incluí-lo no compartimento C, que significava "desafeto do regime", em que estavam enquadrados os comissários políticos, os chefes ou comandantes do Exército Republicano e os representantes sindicais ou da Frente Popular.

As firmes convicções republicanas que José Robles havia tido e que agora Coco demonstrava eram também compartilhadas pela mais jovem da família. Em meados desse mês de agosto, Miggie viajou, através de Paris e Le Havre, até os Estados Unidos, para participar do II Congresso Mundial da Juventude, que se realizava no Vassar College, em Poughkeepsie, perto de Nova York. Era a mais jovem da delegação, da qual também participava Teresa Pàmies, que com o tempo se converteria em uma destacada escritora catalã. Com elas, as únicas mocinhas, viajaram alguns rapazes, entre os quais Ricardo Muñoz Suay, mais tarde um prestigiado roteirista de cinema, e Manuel Azcárate, integrante de uma ilustre família de políticos republicanos vinculados ao Instituto Livre de Ensino.

Uma boa amiga que estava a par de minhas investigações, a tradutora Anne McLean, falou de um programa do Canal 4 britânico sobre a guerra civil que reproduziu uma das intervenções de Miggie Robles durante o congresso. Quem falou de Miggie nessa reportagem foi Teresa Pàmies, que recordou o dia em que receberam a visita da presidente de honra do congresso, Eleanor Roosevelt. Esta havia se mostrado sinceramente preocupada com o bombardeio a cidades indefesas e com as dificuldades enfrentadas pelas crianças. Entre todos os jovens delegados que estavam sentados em torno da primeira-dama dos Estados Unidos, foi a pequena Miggie que decidiu fazer uso da palavra e perguntou por que seu governo não suspendia o bloqueio contra a República espanhola. "Houve um longo silêncio. Depois, a senhora Roosevelt, sorrindo como quem espera ser aplaudida, disse que ela não era membro do governo. Ninguém aplaudiu."

O congresso realizou-se ao longo da segunda metade do mês de agosto. Junto às delegações de outros países, a espanhola, que excluía a seção juvenil do POUM, mas não a dos anarquistas, chegou de barco ao porto fluvial de Poughkeepsie. Lá, uma banda de música aguardava para dar as boas-vindas, tocando os respectivos hinos nacionais. Aconteceu, contudo, que os músicos tinham partituras antigas e começaram com os primeiros acordes de *La marcha real*: a indignação dos jovens espanhóis foi tal que, como recorda Manuel Azcárate em suas memórias, "os músicos quase foram jogados no Hudson". Azcárate representava as JSU e sua tarefa limitava-se a "falar só de paz e de luta contra o franquismo". O objetivo era criar uma ampla frente pela paz contra o fascismo e, para isso, convinha não assustar uma opinião pública tão anticomunista quanto a norte-americana. Por isso, os jovens comunistas não fizeram restrições à adesão ao congresso de algumas organizações de caráter conservador, como a Associação Cristã de Moços.

Ricardo Muñoz Suay e Miggie Robles representavam a Federação Universitária Escolar (FUE) e Teresa Pàmies, as JSU da Catalunha. Os delegados estavam alojados nas próprias residências universitárias e, além de participar dos diferentes colóquios e atender aos meios de comunicação, reuniam-se com os comitês e associações de solidariedade com a República: em um desses atos, assistiram à projeção de *Tierra española*, o filme que, um ano e meio antes, havia motivado a viagem de Dos Passos à Espanha. Entre suas tarefas também estava, certamente, a de tentar arrecadar fundos para a causa. Uma das iniciativas consistiu em vender cartilhas de apoio às crianças espanholas. Os que as adquiriam deviam preenchê-las, colocando em cada semana uma pequena estampa com a imagem de uma menina e, a julgar pela data da última casinha, a resistência das tropas leais ia se prolongar ao menos até o mês seguinte, setembro, o que revela um otimismo que a realidade acabaria desmentindo. A fotografia que ilustrava a cartilha mostra duas sorridentes moças que, dentro de um barco, seguravam uma bandeira republicana. Essas duas moças eram Miggie Robles e Teresa Pàmies.

Esta também evocaria aquele episódio em um livro autobiográfico. As esperanças que os mandatários republicanos haviam depositado em sua possível repercussão propagandística foram expressas por José Giral, então ministro sem pasta, que declarou à imprensa: "Os jovens espanhóis deviam levar à América a voz enérgica e dolorida de nossa tragédia, o grito viril de nosso entusiasmo." Pouco antes da partida, o presidente Azaña recebeu a delegação em seu escritório de Pedralbes e, ao passar por Paris, Marcelino Pascua faria o mesmo na sede da embaixada, da qual era agora titular. Em *Quan érem capitans*, Teresa Pàmies conta também que, na alfândega de Puigcerdà, umas mulheres da FAI submeteram Miggie e ela a uma revista rigorosíssima e que, já no Vassar College, houve um certo rebuliço quando "um jornalista sulista" descobriu que o pai de sua companheira havia "desaparecido" na Espanha republicana. "A pobre Miggie", acrescenta a escritora catalã, "era assediada pelos jornalistas com perguntas que não podia responder".

A descoberta desses depoimentos foi providencial para minhas investigações. Graças a Teresa Pàmies e seu filho, o também escritor Sergi Pàmies, consegui o número de telefone da família de Manuel Azcárate, falecido pouco antes. Quando liguei, sua filha Carmen me falou do tio, Luis Azcárate, que há quase vinte anos vivia com uma culta e encantadora mulher nascida em Baltimore. Tratava-se certamente de Margarita Robles Villegas, Miggie, que eu havia procurado com tanto afã e tão inutilmente entre os núcleos do exílio republicano no México e que, já há algum tempo, vivia em Sevilha. Miggie e Luis haviam se apaixonado em Paris, em 1939. Embora tivessem

voltado a se ver pouco depois no México, o destino acabou separando-os e não voltariam a se encontrar até 1983. Naquela altura, fazia dois anos que Miggie havia enviuvado. Ela tinha quatro filhos e ele, três. Miggie e Luis retomaram imediatamente a história de amor que havia sido adiada 44 anos antes. Viveram juntos na capital mexicana, em Sevilha, em um povoado da Provence, em Casablanca, até que, em 1995, regressaram a Sevilha para se estabelecer de forma definitiva. Visitei o casal pela primeira vez no início de março de 2003 e devo dizer que parte das informações contidas neste livro procedem diretamente da excepcional memória de Miggie.

Voltemos novamente a 1938 e ao processo contra Coco Robles. Naquele tempo, o campo de San Gregorio não funcionava como centro de internamento, mas de classificação: nele, de acordo com o historiador Javier Rodrigo, em *Los campos de concentración franquistas*, "se realizavam os primeiros interrogatórios, as primeiras petições, as primeiras torturas, os primeiros maus-tratos". Em meados de setembro, já classificado como desafeto do regime, foi levado para San Juan de Mozarrifar. O prédio central desse campo era uma antiga fábrica de papel e, ao menos durante um certo tempo, carecia de instalações sanitárias. Segundo testemunhos de vizinhos do povoado, os prisioneiros desciam em formação para se banharem nas águas do rio Gállego. No caminho de volta, tinham que carregar pedras do rio, que posteriormente eram utilizadas nas obras do campo. O trabalho dos presos consistia, portanto, em construir seu próprio cárcere: colocavam janelas, faziam a instalação elétrica, cercavam com arame o perímetro do campo. A obrigação de formar não se limitava à hora da higiene pessoal: formavam também pela manhã, para içar a bandeira, e ao anoitecer, para arriá-la, além de outras vezes, para a distribuição de comida e a recontagem dos presos. Nos domingos, além disso, formavam para assistir à missa, e nos outros dias, nos escassos momentos livres, para ouvir "palestras patrióticas" com as quais se procurava reduzir o risco da "ociosidade prejudicial" e que versavam sobre temas como os erros da luta de classes, a criminalidade que imperava antes do 18 de julho ou os objetivos do judaísmo, da maçonaria e do marxismo. Estas não eram as únicas obrigações impostas no processo de reeducação: deviam, além disso, saudar com o braço no alto, cantar os hinos e dar os três gritos de rigor. Um depoimento reproduzido por Javier Rodrigo indica que no campo de San Juan de Mozarrifar insistia-se que, "na Espanha nacional, os prisioneiros usam o braço estendido para saudar Franco". Quem desobedecia, expunha-se às maiores crueldades e vexações. Outro testemunho sobre o mesmo campo fala dos castigos impostos, "castigos não compreendidos no Código de Justiça Militar", como atar as mãos e os pés de prisioneiros a uma árvore ou um poste de eletricidade, ou mantê-los 12 horas suspensos no teto por uma corda.

Em 29 de setembro, Coco Robles ratificou suas declarações e insistiu na solicitação de abertura das negociações necessárias para a troca. Em 4 de outubro, foi examinado pelo alferes médico do campo, que atestou que não padecia de "enfermidade ou defeito físico algum". Em 16 de novembro, recebeu notificação de que estava sendo pedida para ele a pena de morte. Coco, resignado a uma sorte que já atingira muitos de seus companheiros de adversidades, renunciou a apresentar defesa e recebeu, em 10 de dezembro, a sentença pública do tribunal militar que o condenava à morte, "com as [penas] acessórias correspondentes para o caso de indulto e o pagamento da responsabilidade civil, sem determinação de quantia".

Deve ter sido por essa data que foi levado do campo de concentração, em que o risco de fuga era elevado, para uma prisão mais segura. Sem aviso prévio, foi amarrado a uma corda de presos e conduzido à Prisão Provincial de Saragoça, no bairro de Torrero. As condições higiênicas e sanitárias não eram melhores nos cárceres que nos campos de concentração. Graças ao surpreendente livro *En las prisiones de España*, do anarquista aragonês Ramón Rufat, que durante dois anos e meio conviveu com Coco em Torrero, sabemos que 83 por cento dos presos tinham sarna e que os enfermos mais graves permaneciam confinados em uma galeria imunda, "com um cheiro terrível, todo o dia, de uma mistura de enxofre, que chamam de 'sulfureti', com a qual untavam todo o corpo". De qualquer forma, não era a sarna o maior dos problemas. Durante o último ano da guerra e o primeiro do pós-guerra, a superpopulação no cárcere de Saragoça alcançou níveis inimagináveis. Embora concebida para abrigar 250 reclusos, nela chegaram a conviver mais de seis mil, e Rufat recorda que, no interior do cárcere, "não existia a noção de espaço: ninguém podia se mover sem ter que pisar e empurrar uma dúzia mais". Em cada metro quadrado de solo, dormiam nada menos que cinco homens e "mesmo sobre as latrinas, com portas tombadas, alguns faziam suas camas". Nem sequer quando iam para o pátio a situação melhorava: lá também continuavam sendo tantos, que "não sobrava espaço nem para um alfinete" e não adiantava nem mesmo dar ordens para que saíssem da fila porque não havia lugar para passear ou esticar as pernas.

Seria possível pensar que o testemunho de Rufat peca pelo exagero se não coincidisse com o do capuchinho navarro Gumersindo de Estella, que foi capelão do cárcere de Saragoça entre junho de 1937 e março de 1942, e cuja principal missão consistia em assistir espiritualmente os réus, que eram fuzilados diante dos muros do cemitério de Torrero, localizado nas proximidades. Naquela altura, o padre Gumersindo de Estella, cujo nome real era Martín

Zubeldía Inda, redigia em segredo um diário em que deixou escrito que "em muitas celas individuais estavam encarcerados 18 presos". O anarquista e o religioso coincidem também em destacar o tratamento extremamente desumano que os vigilantes dispensavam aos reclusos. Rufat diz que Saragoça tinha "o cárcere mais duro pela fama e pelos fatos" e o que mais chama a atenção é que os que batiam não eram os escassos funcionários (só 11 para toda a prisão), mas "os presos mesmo, com cabos de vara, e seus múltiplos ajudantes". Gumersindo de Estella lamenta que as surras "se repetissem diariamente, estimuladas cruelmente pelos 'cabos', que geralmente eram condenados a muitos anos de prisão por crimes comuns". Um de seus comentários sobre o comportamento desses indivíduos revela bem o ambiente da prisão: "Quanto mais insensível e mais cruel se mostrava, mais era considerado fiel a Franco."

Quando Coco ingressou no cárcere de Torrero, sua confiança na vitória militar devia ter começado a fraquejar. No final de novembro, terminou a campanha do Ebro, em que as forças republicanas haviam depositado as últimas esperanças, e as tropas de Franco se preparavam para empreender a última ofensiva antes da que denominaram "da Vitória". Sua mãe e sua irmã permaneciam em Barcelona, à espera dos acontecimentos, e estes não podiam ser mais desmoralizadores. Os barcelonenses, muitos deles refugiados que haviam se habituado a fugir, viam passar as tropas republicanas em retirada e o pânico generalizado tornou inúteis os chamamentos à resistência. As tropas avançadas franquistas entraram na cidade na manhã de 26 de janeiro. No dia seguinte, foi realizada para uma multidão, na praça da Catalunha, uma missa campal presidida pelo general Yagüe. Nesse momento, Márgara Villegas e a filha acabavam de deixar precipitadamente Barcelona, junto com milhares de outras pessoas, e percorriam a pé os 130 quilômetros que as separavam de Figueras, efêmera capital republicana.

Levariam quatro dias para chegar. Em Barcelona, antes de partir, foram à sede das JSU, no Hotel Colón da praça da Catalunha, para tentar conseguir lugar em algum dos trens que partiam em direção à fronteira. Naquele clima de improvisação e medo, ninguém foi capaz de ajudá-las, e mãe e filha, cada uma com uma pequena maleta, começaram a andar pela estrada de Gerona. Quando a noite chegou, apareceu um soldado que perguntou se haviam comido algo. Só então se deram conta de que não tinham mastigado nada todo o dia e o homem compartilhou com elas umas lentilhas secas que levava consigo: isso e um triste limão que alguém daria no dia seguinte foi tudo o que comeram até chegar a Figueras. A primeira noite, passaram ao relento; a segunda, dormiram no chão de uma casa de campo; na terceira, conseguiram abrigo em um vão de uma casa de Gerona...

Calcula-se que, nessa altura, cerca de meio milhão de espanhóis tomaram o caminho do exílio. As imagens do êxodo são bem conhecidas: mulheres que para salvar algo de seu guarda-roupa levavam no corpo três ou quatro vestidos, crianças com a cabeça raspada por causa dos piolhos, anciãos e deficientes que se ajudavam com bastões e muletas, homens envoltos em mantas e capotes, que arrastavam grandes fardos e que corriam em busca de abrigo quando apareciam os bombardeiros alemães e italianos... Em meio àquela maré humana, viam-se carros carregados de colchões, móveis, sacos de roupa. Os cavalos avançavam lentamente. Muitos vinham de longe, de além de Tarragona. De vez em quando, algum carro ou caminhão cheio de gente conseguia abrir caminho e, pouco depois, era encontrado novamente na estrada, com problemas mecânicos, sem combustível ou destruído por uma bomba. Os fugitivos, extenuados, iam abandonando seus pertences: maletas, baús, aparelhos de rádio, máquinas de costura e de escrever. O frio era intenso. Alguns acampavam nas montanhas ou acendiam fogueiras para se aquecer e preparar comida. Quando a chuva aumentava, estendiam mantas entre as árvores para se proteger.

Eram tantas as dificuldades enfrentadas pelos que fugiam que, apesar de tudo, em meio a todo o drama, ainda restavam alguns espaços para a comédia. Um dos homens com os quais as desfalecidas Márgara e Miggie encontraram na casa de Gerona apiedou-se delas e conseguiu dois lugares no que chamou de "carromato". Seguindo suas instruções, foram para o lugar onde lhes esperava o "carromato", que não era mais do que um trator ao qual, com uns cabos, haviam sido presos alguns automóveis avariados. Para as Robles, foi designado um deslumbrante conversível vermelho. Quando o trator começou a andar, a resistência feita pelos reboques era tal que o extravagante comboio só conseguia avançar a passo de tartaruga. Márgara e Miggie, de seu conversível, viam como até os anciãos que fugiam a pé iam mais rápido que elas nessa espécie de caravana e, sentindo-se ridículas, optaram por descer e caminhar. Chegaram a Figueras quando, em seu castelo, já se havia celebrado a última reunião das Cortes da República. Com a fome aliviada apenas por uma lata de sardinhas, tiveram que pegar a estrada novamente em 3 de fevereiro, o dia do grande bombardeio sobre a capital da comarca catalã de Ampurdán. Miggie recorda que essa noite dormiram em uma casa ocupada por soldados republicanos que cantavam com amargura sua derrota.

Assim foi a fuga da Espanha de Márgara e a filha, assim também foi a chegada à França, um dia depois. Antes de cruzar a fronteira, tiveram que passar, junto com várias centenas de outras pessoas, uma noite em um trem parado na metade de um túnel. Já em Cerbère, só o passaporte norte-americano de Miggie livrou-as de serem levadas para um campo de concentração. Chegaram a Perpignan, uma cidade ocupada então por espanhóis, que se escondiam dos controles feitos pelos policiais franceses, exigindo "les papiers".* Na estação de Perpignan, tomaram um trem para Paris, onde por uns dias se alojaram no quarto de hotel de um pintor amigo de Márgara. Um cheque da Johns Hopkins e outro de Dos Passos livraram-nas, segundo ela, de ser levadas "a um desses horríveis campos de concentração, onde vivem morrendo milhares de companheiros".

Aqueles primeiros dias em Paris, Márgara e Miggie passaram "com roupas rasgadas, sujas, despedaçadas física e moralmente, vagando em meio à indiferença das pessoas". Ao desgosto da mãe em relação a seu próprio estado somava-se a ausência de notícias do filho, fazendo com que a ansiedade aumentasse conforme passavam os dias, deixando-a em uma prostração quase absoluta: "Acordada, tenho alucinações que me assustam e, ao dormir, tenho pesadelos terríveis." Mais tarde, Márgara teve que ir morar em Chelles, um povoado perto de Paris, porque o governo francês não permitia que refugiados espanhóis se estabelecessem na capital. Miggie, graças a sua liberdade de movimentos, conseguiu entrar em contato com os companheiros da JSU, e foi encarregada de colaborar com o Rassemblement Mondial des Étudiants. Instalou-se no Hotel Dacia, no bulevar Saint Michel, em um quarto compartilhado com duas companheiras do Rassemblement, uma delas holandesa e a outra indonésia.

O Rassemblement Mondial des Étudiants reunia numerosas organizações estudantis de diversos países, todas de caráter antifascista. Seu secretário era James Klugmann, que tinha sido líder juvenil dos comunistas de Cambridge. Por amizade com Klugmann, começou a colaborar com o Rassemblement o conhecido historiador marxista Eric Hobsbawm, que em suas memórias menciona "a pequena Miggie Robles, que tanto trabalhava na copiadora".

*Os papéis (ou os documentos), em francês. *(N. da T.)*

A seu lado, Hobsbawm recorda, estava um tal de Pablo Azcárate, que na realidade era Luis Azcárate. Este, secretário de Agitação e Propaganda das JSU de Barcelona e membro da União Federal de Estudantes Hispanos, era filho de um destacado militar republicano e sobrinho do embaixador em Londres. Um dia do mês de março, Luis Azcárate apresentou-se na sede do Rassemblement, no bulevar Arago, e ofereceu-se para trabalhar na assistência aos estudantes espanhóis presos nos campos de concentração. A jovem encarregada disso era Miggie.

O trabalho de Luis, de acordo com o que ele mesmo escreveu em suas memórias inéditas, consistia em "ir comprar livros, fazer pacotes e enviá-los por correio aos estudantes". Além disso, escreviam cartas de apoio, enviavam um boletim informativo que eles mesmos imprimiam na copiadora e recorriam às mais diferentes personalidades, pedindo ajuda. Um dia, chegou uma carta de Washington com o timbre da Casa Branca. Era de Eleanor Roosevelt, que, respondendo a uma carta anterior de Miggie, desejava boa sorte aos estudantes espanhóis. Mandava ainda uma saudação pessoal à sua jovem correspondente: a primeira-dama dos Estados Unidos ainda recordava a situação embaraçosa em que esta lhe havia colocado, em agosto do ano anterior.

Entre Luis e Miggie, ele com 16 anos, ela com 15, não demorou a surgir o amor. Passeavam pelo Jardim de Luxemburgo, beijavam-se nas escadas da estação de metrô de Saint Michel... O início da Segunda Guerra Mundial veio interromper abruptamente o idílio. Em 1º de setembro, o exército alemão invadiu a Polônia, e França e Inglaterra se viram obrigadas a declarar guerra às potências do eixo: a linha Maginot, que tão frágil acabaria se revelando, devia proteger os franceses da previsível invasão alemã. Em meados de outubro, Luis, de regresso de uma viagem, dirigiu-se ao Hotel Dacia para ver Miggie. Em um dos bulevares próximos, às escuras devido às novas regras, encontrou-se cara a cara com Miggie e sua mãe. Apresentou-se com a voz entrecortada pela timidez e Márgara desatou a rir e lhe deu um beijo. Em seguida, os dois jovens foram passear junto ao Sena. Deve ter sido nessa ocasião que Miggie comunicou sua intenção de deixar a França.

Mãe e filha empreenderam a enésima fuga no final desse mesmo mês. Já em abril, Márgara havia estudado a possibilidade de viajar para os Estados Unidos e, no verão, havia comprado passagens para um transatlântico de uma companhia alemã que devia zarpar em 3 de setembro e que, devido ao início da guerra, cancelou a travessia. Ao inteirar-se do ocorrido, Coindreau escreveu a Lancaster: "E agora elas estão em meio a outra guerra! Nunca ouvi falar de tão má sorte e temo que possam mandá-las para um campo de concentração."

O certo é que nesse mês de outubro seu castigo estava quase acabando. De Paris, Márgara e Miggie viajaram até Bordeaux e, ali, não sem um certo suspense (Márgara tinha esquecido em um táxi a passagem e os documentos, que ao final conseguiu recuperar), embarcaram em um navio da Ward Line, com destino a Nova York. A desolação de Márgara era absoluta: o marido acusado de traição e fuzilado, o filho recolhido a uma prisão e condenado à morte, seu próprio país fechado sabe lá por quanto tempo, ela e a filha forçadas a uma fuga constante... Enquanto subia no barco que devia levá-las de volta à América, Márgara recordava com lágrimas nos olhos a última vez que havia cruzado esse mesmo oceano: e pensar que então só se propunham a passar umas simples férias na Espanha!

Em 12 de novembro chegaram a Baltimore, onde durante algumas semanas foram hóspedes do professor Henry Carrington Lancaster. Em Baltimore, ao menos, Márgara pôde cobrar os direitos de autor e a apólice de seguro do marido, cuja morte por execução havia sido, por fim, confirmada oficialmente. O atestado de óbito chegou à Universidade Johns Hopkins em agosto, junto com uma carta de Márgara que dizia: "Anexo envio este documento, prova de nossa desgraça, que por fim o ex-governo da República houve por bem me conceder." Ao cabo de tanto tempo, parece que Juan Negrín tinha assinado o documento por solicitação de Marcelino Pascua. Com esse dinheiro, Márgara e a filha saldaram as dívidas que tinham pendentes nos Estados Unidos e compraram bilhetes para o ônibus da Greyhound que, no final desse mesmo mês de novembro, devia levá-las à capital mexicana. Haviam se tornado duas mais, entre os 30 mil republicanos espanhóis a quem o presidente Lázaro Cárdenas acolheu.

Terminada a guerra, as condições de vida nos cárceres espanhóis não havia mudado. Mas mudou a situação penal de Coco. Em 23 de outubro de 1939, a pena de morte foi substituída por outra, de trinta anos de reclusão. O modo como foi notificado dessa alteração pode ser recriado a partir do relato de Ramón Rufat, que escreveu: "É preciso ver de que maneira mais simples e menos grandiosa uma pessoa passava da morte para a vida! Chamavam-no a um pequeno quarto, nem sequer uma sala de juízes, e ali um soldado, ou no máximo um cabo, lia um determinado papel que dizia que era um decreto, escrevia umas linhas com sua boa ou má letra, e ordenava que assinasse para garantir que ele havia comunicado e que o deixava a par do ocorrido."

Ao que parece, a revisão da condenação de Coco deveu-se à intervenção pessoal de um influente homem do novo regime, o segoviano Juan Contreras, e López de Ayala, marquês de Lozoya, que havia sido um bom amigo de José Robles e, durante o franquismo, se converteria em renomado historiador da arte. A intervenção, de qualquer forma, da embaixada norte-americana, não pode ser descartada e está documentado que a Johns Hopkins insistiu junto a seu titular no pedido de ajuda para Coco. Em uma carta de agosto de 1940, o embaixador Alexander Weddell pedia a

Lancaster que valorizasse "a dificuldade de ajudar, salvo de um modo informal e extra-oficial, a alguém que não é cidadão americano" e assegurava que sua própria mulher lhe havia enviado "comida e roupa de tanto em tanto tempo". Não é de estranhar que, pouco antes, o próprio Coco tivesse escrito para Lancaster para felicitá-lo por uma homenagem de seus antigos alunos e, também, para agradecer a "valiosa ajuda" prestada à sua família. Outra de suas benfeitoras de Baltimore era Esther Crooks que, em maio, tinha escrito para o Departamento de Estado para que tratasse de conseguir sua libertação e havia se comprometido a cuidar dele: "Não veria inconveniente em trazê-lo para morar comigo e em responsabilizar-me por todos os seus gastos. Estaria inclusive disposta a adotar legalmente o rapaz, se isso puder servir para alguma coisa." Dos Passos e Katy também ofereceram-se para adotá-lo. Coco soube disso através de uma carta da mãe recebida no início de julho e, lisonjeado, não demorou a escrever ao casal Dos Passos para manifestar sua gratidão. Mas a iniciativa tinha poucas probabilidades de prosperar e, em sua resposta a Márgara, o próprio Coco augurava: "Se conseguirá muito pouco dessa maneira."

A partir dessas datas, as informações sobre o itinerário de Coco por instituições penitenciárias do franquismo são bastante difusas, mas é certo que, em 26 de março de 1943, data em que a Comissão de Exame de Penas aprovou sua condenação, encontrava-se ainda no cárcere de Torrero. Embora em condições deploráveis, havia sobrevivido ao terror das *sacas*,* às aglomerações, às surras, à falta de higiene, à desnutrição. Tinha também sobrevivido à nada desdenhável ameaça de doenças. Segundo Ramón Rufato, à sarna generalizada dos primeiros meses sucederam-se, na prisão de Saragoça, furúnculos, tumores, icterícia, tuberculose, uma avitaminose quase constante e,

---

**Sacas* — Seqüestro e fuzilamento sumário de prisioneiros por parte das autoridades. (*N. da E.*)

finalmente, uma praga de "piolho verde" ou tifo, que manteve todos os presos submetidos à quarentena: "Ninguém entrou nem saiu do cárcere nesses quarenta dias. Só saíram os cadáveres."

Sobre as atividades de Coco no interior da prisão, conhecemos o pouco que quis (ou pôde) contar em suas cartas: que dava aulas a outros presos ("tomei gosto pelo ensino") e que consagrava aos estudos e à leitura as horas de ócio ("acabo de começar a ler Sêneca"). Segundo algumas fontes, a entrada de pacotes foi restrita até 1942. Deve ter sido então que começou a receber visitas periódicas de uma jovem que se interessava por ele e levava comida: era o que se chamava de madrinha. Essas visitas foram a única coisa que, durante o período que permaneceu no cárcere de Saragoça, lhe proporcionou alguma alegria. Entre Coco e a moça chegou a estabelecer-se uma relação forçosamente platônica e, sem dúvida, fizeram planos para quando ele conseguisse a liberdade. Mas para isso faltava muito e, durante esse tempo, para desespero de Coco, a garota contraiu tuberculose e morreu.

Antes de recuperar a liberdade, Coco ainda teria que passar por mais dois cárceres. Em 25 de agosto de 1943, teve novamente as mãos amarradas e foi levado à estação, onde subiu em um trem com destino a Burgos. Na Prisão Central dessa cidade, deve ter permanecido até que, em 4 de janeiro do ano seguinte, os trinta anos de reclusão total foram reduzidos a vinte de um regime menos rigoroso, o que (após uma prova de catecismo, necessária para o habitual relatório do capelão) abria as portas para a liberdade condicional. Esta seria concedida em 16 de abril, mas nessa altura Coco não se encontrava mais na prisão de Burgos e sim na de Lora Del Rio, na província de Sevilha, última etapa de seu longo périplo carcerário.

Em todo esse tempo, o único parente que poderia ter intercedido por Coco e não o fez foi seu tio Ramón, que havia ascendido a tenente-coronel por méritos durante a guerra e que, além das numerosas condecorações ganhas ao longo da contenda, havia recebido outras, graças à sua participação, entre abril de 1942 e o mesmo mês do ano seguinte, nos combates na frente russa com a Divisão Azul. Quem o ajudou foi sua tia Mari, que, ao menos desde que Coco foi levado para a prisão de Burgos, lhe fazia visitas e levava pacotes de comida.

María Robles Pazos, da mesma forma que Ramón e as outras duas irmãs, fazia parte da Espanha dos vencedores, mas sua natureza caridosa e generosa fez com que esquecesse as diferenças políticas e lhe oferecesse sua proteção. Essa proteção começou no meio do período de cinco anos que Coco passou no cárcere de Torrero. Seu primeiro pedido de indulto data de outubro de 1942 e, nele, tia Mari alegava, entre outras razões, o fato de que o sobrinho não havia chegado a ter "no exército vermelho a menor graduação hierárquica", assim como sua "indiscutível vocação para o estudo" (Coco, na realidade, havia estudado em uma escola para crianças superdotadas) e o respeito e a admiração unânimes que havia conquistado entre colegas e professores do "católico Maryland, nos Estados Unidos". Nesse mesmo documento, María Robles mencionava "sua filiação circunstancialmente forçada e corajosamente trágica à causa inimiga", o que poderia ser interpretado como um reconhecimento da militância passada de Coco no Partido Comunista, uma militância pouco entusiasta e bastante acidental, se acreditarmos nos termos em que está redigida a solicitação.

Foi também a tia Mari que, em abril de 1944, o acolheu em seu apartamento, no número 100 da madrilenha rua de Alcalá. Coco era então um homem física e moralmente ferido, se não desfeito, e aparentava bem mais que os 24 anos que acabava de completar. Na opressiva atmosfera reinante, Coco só pensava em sair da Espanha, um país em que o destino lhe havia imposto as experiências mais ingratas. Mas as coisas não eram simples. Pediu uma bolsa à Universidade Johns Hopkins. De modo espontâneo e com os avais de John Dos Passos e Elliot Paul (o mesmo que, algum tempo depois, provocaria um pequeno incidente entre Quintanilla e Dos Passos), a própria Johns Hopkins havia oferecido uma bolsa semelhante em 1940, quando Coco ainda estava preso em Saragoça, o que parecia indicar que seu pedido teria uma acolhida favorável. Isso aconteceu, na realidade, e com surpreendente rapidez a bolsa foi concedida em maio. Devido, entretanto, à liberdade condicional, teve negado o pedido de passaporte e viu-se obrigado a renunciar a ela.

Durante esse verão de 1944, acompanhado de sua benfeitora, passou uma temporada recuperando-se em uma casa que a família possuía em Villajuán, junto à ponte de Arosa. Em 30 de junho, escreveu a Dos Passos para dizer que tinha "voltado a uma vida quase normal": tomava banho, pescava, lia. Coco, por outro lado, não tinha cumprido as obrigações militares na Espanha de Franco e, pouco tempo depois, teve que se incorporar ao exército. Embora seu destino não esteja de todo claro, das fotos que enviou então para a mãe e a irmã se pode deduzir que prestou serviço militar em alguma localidade próxima dos Pireneus. O que se sabe é que permaneceu no exército até o final de novembro do ano seguinte.

Algumas semanas antes dessa data, havia escrito uma carta à embaixada norte-americana oferecendo-se para trabalhar na própria embaixada ou na Casa Americana. Coco mantinha-se firme em seu propósito de sair o quanto antes da Espanha e, nessa carta, pedia também ajuda para obter autorização para abandonar o país. Contudo, sua condição de antigo militante comunista constituía um sério obstáculo a suas aspirações. Em fevereiro de 1946, voltou a solicitar o indulto, que foi negado em 13 de junho. Nessa ocasião, seu passado militante mais uma vez o prejudicou. Em uma das diligências que acompanham a petição em que solicitava o indulto, alguém escreveu a lápis as seguintes palavras: "Comunista. Tem que se retratar."

Na biblioteca da Casa Americana, Coco leu algumas das novidades literárias dos Estados Unidos. Entre elas, estavam as últimas obras de Dos Passos, a quem escrevia para manifestar suas impressões e para comentar a situação espanhola: "Viver na Espanha durante os últimos anos tem sido (e continua sendo) como viver em outro planeta." Instalado no novo apartamento da tia Mari, começou a procurar emprego. A única coisa que conseguiu, entretanto, foram alguns alunos para dar aulas particulares de inglês. Uma das alunas, filha de uma prima de Márgara, chamava-se Dolores Cebrián, Loli. Coco e ela se apaixonaram e fizeram planos de se casar. Mas o novo estado civil não ia alterar seus planos de abandonar a Espanha. No outono de 1947, apenas uma semana depois da cerimônia, viajou para o País Basco em companhia do amigo Ricardo Ortiz e conseguiu passar para a França em um barco de pescadores. Em 14 de novembro, uma ansiosa Márgara desabafava em carta enviada a Dos Passos: "Estou como idiota com a idéia de que talvez volte a vê-lo em breve, após quase nove anos." As dificuldades de Coco para conseguir um passaporte dilatavam a espera. No final de janeiro, escreveu para Dos Passos para informar que, no dia 7 desse mês, tinha podido finalmente reunir-se com Márgara e Miggie em sua residência, no número 300 da rua Lerma, não muito longe do Paseo de la Reforma, na capital mexicana. Algum tempo depois, sua mulher também viajou. Coco viveria no México até seu falecimento, em 1990, e somente em seus últimos anos, após a morte de Franco, voltaria a pisar em solo espanhol.

Entre 1942 e 1944, Miggie estudou Línguas Latinas e Literatura no Swarthmore College, na Pensilvânia, graças a uma pequena bolsa e, sobretudo, graças à ajuda econômica de seu padrinho, Maurice Coindreau, que continuava dando aulas na Universidade de Princeton. Em homenagem a Coindreau, o segundo de seus quatro filhos, que com o passar dos anos acabaria se tornando escritor, levaria o seu nome. Miggie casou-se com Anselmo Ortiz em 1945. Ele também pertencia a uma família de exilados espanhóis e o mais interessante do caso é que seu irmão Ricardo, companheiro de fuga de Coco, se casaria poucos anos depois com Nora Nin, uma das duas filhas de Andreu Nin com Olga Taeeva, com as quais teve que escapar da URSS no verão de 1930: por essas estranhas voltas que a vida dá, duas das principais vítimas do stalinismo na Espanha acabaram tornando-se parentes postumamente.

Daquela etapa da vida de Márgara e Miggie existem várias fotos. Em uma delas, tirada em 1943, durante um passeio no campo, mãe e filha aparecem abraçadas, com o vulcão Iztlaccíhuatl ao fundo. Mais de meio século depois, essa foto inspiraria um belo texto do filho escritor de Miggie, Mauricio Ortiz, que evocava Márgara dessa maneira: "A avó tivera tudo no amor, com o jovem avô assassinado uns anos antes, e o resto de seus dias passaria sem outra ocupação a não ser tecer recordações em colchas coloridas." Quando reencontrou Coco, Márgara tinha voltado a trabalhar como tradutora, atividade que havia abandonado em 1932. Ainda hoje se reedita, de vez em quando, sua versão de *Rocinante vuelvè al camino* e a editora mexicana Fondo de Cultura Económica, para a qual traduziu nove livros, mantém vários deles em seu catálogo. Márgara (que agora, rendendo sem dúvida homenagem ao marido, assinava como Margarita Villegas de Robles) viveria até 1983, mas não se tem informações sobre ela desde 1965, ano da publicação da última de suas traduções, um ensaio sobre arqueologia cretense.

A obra que nunca deixou de ser reeditada foi a versão que José Robles Pazos fez de *Manhattan Transfer* para a Cenit. Até a década de 1970 apareceu sempre com seu nome e os dois sobrenomes. Nas edições do início dos anos 80, os duendes da imprensa despojaram-no curiosamente do segundo sobrenome. Esses mesmos duendes, contudo, tinham reservado a ele um destino bastante pior. Nas reedições posteriores a 1984, José Robles passou a chamar-se José Robles Piquer, e assim continua figurando em algumas das mais recentes. Não poderia ser mais irônico: por arte do destino, o maior derrotado entre os derrotados acabou vinculando-se a uma das mais ilustres estirpes do franquismo vitorioso.

Apêndice

Se a primeira notícia que se teve na Espanha sobre a literatura de Hemingway foi dada por José Robles, em junho de 1927, com sua elogiosa resenha de *O sol também se levanta*, a primeira de suas obras traduzida para o espanhol foi o conto "Los asesinos", um dos mais conhecidos de sua fase inicial. Não com esse título, mas com o de "Los Matones", foi incluído no volume *10 romancistas americanos* que a Zeus publicou em 1932. A Zeus era, como a Cenit, uma das mais destacadas editoras esquerdistas da época. Por isso, não se pode estranhar que o responsável pela seleção, Julián Gorkin, declarasse no prefácio o propósito de tornar conhecida uma literatura "independente e de inspiração social, cujos representantes têm que manter uma luta titânica contra os plutocratas do dinheiro, os hipócritas proibicionistas e os leitores da Bíblia". A relação de autores incluía os mais notáveis entre os escritores norte-americanos considerados próximos do socialismo, e nela não faltava John Dos Passos, cuja obra já era conhecida em nosso país graças às traduções de José Robles e Márgara Villegas.

De Dos Passos, com quem naquela época não devia ter nenhum contato pessoal, diz o antólogo: "É, indiscutivelmente, um dos romancistas mais modernos que existem." Se, naquele momento, não se conheciam, é certo que em alguma outra ocasião chegaram a estabelecer uma relação de amizade e que esta se prolongou ao longo de várias décadas, como sugere o texto que Dos Passos escreveu para o prólogo do romance de Gorkin *La muerte en las manos*, publicado na Argentina, em 1956. Pode ser que seu primeiro encontro tenha ocorrido no final de abril de 1937, quando o norte-americano visitou a sede barcelonesa do POUM, de cujo Comitê Executivo Gorkin era membro? Trata-se de uma simples conjectura, mas não parece despropositada.

Quando apareceu a antologia, Julián Gorkin, cujo verdadeiro nome era Julián Gómez García, tinha publicado uma parte de obras de teatro político (a classificação é dele), um romance intitulado *Días de bohemia* e algumas traduções. Mais destacado, contudo, como ativista de esquerda do que como literato, não é por acaso que sua autobiografia leva o título de *El revolucionario profesional*. Gorkin, refugiado em Paris desde 1921, viajou a Moscou em março de 1925, e Andreu Nin, secretário-adjunto do Profintern,* preveniu-o em relação ao ambiente de intrigas e suspeitas que havia se generalizado após a morte de Lenin e as subseqüentes lutas pelo poder. Não muito tempo depois, Gorkin soube que a correspondência que havia enviado para sua mulher, "cartas cheias de reservas a respeito da URSS e da Internacional", tinham sido interceptadas e estavam em poder da GPU, e antes de deixar o país fez uma visita ao mausoléu onde era exibido o corpo embalsamado de Lenin e manteve com ele um diálogo imaginário: "Vi por toda parte o aterrorizante perfil do monstro: a burocracia ascendente, a corrupção, o arrivismo ávido e manobrista, a intriga venenosa, uma mentalidade e uns métodos policialescos... Tudo isso surgiu após sua morte ou é preciso buscar o mal de origem no próprio bolchevismo?"

Sua ruptura com o Comintern só ocorreu em 1929. Para provocar sua exclusão, teve que traduzir o ensaio *La revolución transfigurada*, em que Trotski condenava a burocratização do regime soviético. A partir de então, Gorkin ganhou a vida colaborando, de Paris, com as principais editoras espanholas de esquerda e, em setembro de 1935,

*Internacional Sindical Vermelha. *(N. da T.)*

participou da fundação do POUM, produto da fusão do Bloco Operário e Camponês, de Joaquín Maurín, com a Esquerda Comunista Espanhola, de Andreu Nin. O novo partido, embora habitualmente considerado trotskista, havia sido criado, na realidade, contra as recomendações de Trotski, que, em vão, tinha instruído seus partidários espanhóis para que entrassem no PSOE (Partido Socialista Operário Espanhol). Trotskistas ou não, Julián Gorkin e seus companheiros do POUM não demorariam a sofrer uma perseguição semelhante à que, na URSS, já tinha começado contra os opositores de Stalin.

Três anos depois, em 1938, apareceria um livro intitulado *Espionaje en España*, que apresentava e elevava a verdade irrefutável as falsas provas que envolviam os dirigentes do POUM em uma conspiração falangista. Se seus tradutores, Lucienne e Arturo Perucho, são pouco conhecidos, seu suposto autor, um improvável Max Rieger, não o é em absoluto. Não pode se dizer o mesmo de quem escreveu o prólogo, o poeta católico e comunista José Bergamín, que tinha forçosamente que suspeitar que o conteúdo do livro não passasse de vis mentiras e, apesar de tudo, não teve vergonha de afirmar: "Os fatos que aqui se mencionam manifestam, por ser extremos, a verdadeira índole de um trabalho contra-revolucionário e fascista." Em um momento como aquele e em circunstâncias como aquelas, declarar, como fez Bergamín, que o partido não era "uma organização de convivência [sic] com o inimigo, mas o próprio inimigo" equivalia a legitimar a brutal repressão de que os homens do POUM eram objeto. Nem sequer chama demasiadamente atenção o fato de que aproveitasse a ocasião para arremeter contra os "angustiados" intelectuais franceses, que enviaram um telegrama reclamando para os processados as devidas garantias processuais. Garantias processuais?, pergunta-se um sarcástico Bergamín, como se pode pedir tais coisas "a um governo que praticamente as leva ao extremo e que, nesse caso concreto, vive demonstrando isso, diríamos que exageradamente"?

Em *Tras las huellas de un fantasma*, o professor Gonzalo Penalva diz que Bergamín, então presidente da Aliança de Intelectuais Antifascistas, aceitou fazer o prólogo do livro a pedido de Juan Negrín e porque acreditava sinceramente na veracidade das acusações. Esta segunda razão parece mais discutível, pois Bergamín, embora comunista de novo cunho, conhecia a irreprovável trajetória revolucionária de Nin, Gorkin e companhia, e é de supor que alguém como ele tivesse alguma reticência ante a disparatada teoria de uma conspiração de falangistas e do pessoal do POUM. Mas essa reticência nunca foi manifestada e, anos depois, em vez de reconhecer o erro de ter redigido esse prólogo, continuava afirmando "de modo definitivo que, nas mesmas circunstâncias, o escreveria cem vezes". Gonzalo Penalva não se equivoca quando, diante da covardia do mascarado autor do livro, elogia Bergamín por ter ao menos a valentia de estampar sua assinatura no prólogo. Quem se ocultava por trás do pseudônimo de Max Rieger? Através de um informe de abril de 1939, de Stepanov, delegado do Comintern na Espanha, sabemos que se trata de uma obra coletiva e que o próprio Stepanov colaborou em sua redação. Em *Queridos camaradas*, Antonio Elorza e Marta Bizcarrondo sugerem que também pode ter interferido no caso o escritor comunista francês Georges Soria, autor de uns artigos em *La Correspondencia Internacional*, que revelam grandes coincidências com o texto de *Espionaje en España*. Entretanto, segundo numerosas testemunhas nunca desmentidas, o principal coordenador do livro foi um antigo amigo de Robles, o professor de Direito Romano e tradutor, Wenceslao Roces.

Escrever textos para outras pessoas devia ser uma de suas atividades habituais, pois, segundo o ex-chefe do Quinto Regimento Enrique Castro Delgado, Roces era o autor de alguns dicursos do então ministro de Educação Pública, o comunista José Hernández. Naquele momento, Roces ocupava a subsecretaria do ministério e, se acreditarmos em Antonio Machado, tanto o subsecretário como o ministro deviam mais à "educação na Espanha que a um século de seus predecessores". São de Wenceslao Roces, um asturiano baixinho e pequeno, algumas das traduções mais utilizadas de Hegel e Marx e, até essa data, o fato mais destacado em sua biografia era o violento ataque que havia sofrido por parte de integrantes das protofascistas Juntas de Ofensiva Nacional Sindicalista, de Ramiro Ledesma Ramos, no verão de 1933, no escritório madrilenho da Associação dos Amigos da URSS.

Seu perfil era o de um homem cinzento e sem carisma, que se colocava sempre à sombra de figuras mais brilhantes. Durante o Congresso de Escritores em Defesa da Cultura, organizado pela Aliança de Intelectuais Antifascistas, em estreita colaboração com o Ministério de Educação Pública (quer dizer, por Bergamín e por Roces, mas também pelo onipresente Koltsov), uma dessas figuras foi precisamente Bergamín. Este, "magro, de pele escura, com aspecto de pássaro", como foi descrito por Malcolm Cowley, ditou a linha oficial de pensamento do congresso e monopolizou as atenções com a condenação pública dos dois livros em que seu ex-amigo André Gide criticava o clima de perseguição e a falta de liberdade que havia percebido em sua última viagem à URSS. Enquanto isso, Roces, amante da ordem e das hierarquias, detinha o poder à sombra e era, segundo depoimento de Arturo Serrano Plaja, quem nomeava os secretários de organização e aceitava ou rejeitava suas iniciativas.

Da relação de Wenceslao Roces com os escritores participantes ficaram alguns episódios em que sua intervenção não foi muito brilhante. O mais citado foi a censura ao poema "A um poeta morto", com o qual Luis Cernuda quis homenagear Federico García Lorca na revista *Hora de España*, e do qual foi obrigado por Roces a suprimir a estrofe que aludia explicitamente à homossexualidade do granadino. Menos conhecido é o que a então mulher de Octavio Paz conta em *Memorias de España, 1937*. Segundo Elena Garro, que de Roces "sabia apenas que era membro do Partido e que falava russo", o poeta León Felipe sentia-se perseguido por ele, que primeiro o expulsou da casa que lhe havia sido designada em Valência e, mais tarde, chegou a ameaçá-lo de morte. "Queria me matar, o sem-vergonha!... matar!", repetia León Felipe, já fora da Espanha e um pouco mais tranqüilo.

Se queria matá-lo ou não, não se pode saber. Mas sabe-se que no número 5 de *Hora de España* León Felipe publicou um longo fragmento de seu poema 'La insignia', e que Roces o submeteu a um duro interrogatório sobre os versos que denunciavam casos de latrocínio cometidos por alguns republicanos. Sabemos também que, em julho, Wenceslao Roces optou pela dissolução da Casa dos Sábios, em que Dos Passos havia se hospedado, em abril. Já foi dito que a Casa da Cultura servia de residência para eminentes cientistas, artistas e escritores republicanos. Um deles era León Felipe. Outro, o dr. Gonzalo Lafora, que tinha sido diretor do Instituto de Psiquiatria e que, em um artigo publicado no diário *Fragua Social*, órgão da CNT local, protestou energicamente contra a medida. Nesse artigo, Lafora atribuía o fechamento "à lamentável gestão do senhor Roces", a quem criticava por seus métodos "de vingança pessoal, de opressão política e de vexames impostos aos que não seguem docilmente suas orientações, sem atender nem respeitar nomes, nem longas histórias de atuação democrática". A imprensa comunista contra-atacou, dizendo que não se tratava de dissolução da Casa de Cultura, mas de sua transformação em um centro de trabalho e pesquisa. Entre os defensores de Roces, estavam alguns dos moradores e também Antonio Machado, que, apesar de gravemente doente, aceitou presidir o patronato da nova instituição.

Outro que, naquela época, sentiu-se ofendido pelos modos autoritários de Roces foi Francisco Ayala, que, sem ser consultado, foi escolhido por aquele para ocupar o decanato da Faculdade de Direito. Temeroso de que a designação pudesse expor a represálias sua família em Burgos, Ayala chamou Roces de "imbecil" e recebeu a ameaça de ser enviado para a frente de batalha, além de ordens de que, para se dirigir a ele, "o fizesse pelos canais hierárquicos competentes". A conversa telefônica terminou com uma explosão de Ayala. "Olhe, Roces — disse — vá à merda!" A verdade é que, exceto por uma ou outra adesão protocolar e forçada, os depoimentos sobre a figura do subsecretário de Educação Pública pouco estimulam a simpatia e alguns tinham motivos mais poderosos que Ayala para detestá-lo. Embora sem apresentar provas, Julián Gorkin afirma em *El proceso de Moscú en Barcelona* que foi ele, Wenceslao Roces, quem, junto com um sobrinho do general Miaja e vários homens de confiança de Alexander Orlov, falsificou o plano que devia servir para envolver os dirigentes do POUM na trama de espionagem do falangista Golfín.

Em seu prólogo, Bergamín assegurava que *Espionaje en España* "oferece, ao lado de uma documentação precisa, por si só evidente, a exata relação entre os fatos". A realidade, pelo contrário, parece ser outra: o que existia ali era uma documentação falsificada, que pretendia provar um complô delirante e totalmente sem fundamento. O livro, publicado na Espanha por Ediciones Unidad, apareceu em outros países em editoras igualmente controladas pelo Comintern. Preparado às pressas para a ocasião, a seus evidentes objetivos propagandísticos é preciso acrescentar uma finalidade de prova, que foi aproveitada nos interrogatórios do processo a que o Tribunal de Espionagem e Alta Traição submeteu os homens do POUM. O mais curioso é que, quando foram chamadas a depor as testemunhas de defesa, o ex-embaixador em Paris, Luis Araquistáin, também levou como prova um livro. Não era um livro que tivesse sido editado a toda pressa para desmentir as afirmações de *Espionaje en España*. Tratava-se de um livro de Trotski intitulado *Mis peripecias en España* que, em 1929 e com tradução de Andreu Nin, foi publicado pela Editora España, naquele momento dirigida pelo próprio Araquistáin, Juan Negrín e Julio

Álvarez del Vayo. Este último (cunhado de Araquistáin) era, além disso, autor do prólogo, uma pequena biografia de Trotski, cheia de entusiasmados elogios à sua figura. A pergunta que, diante desse tribunal, apresentava o livro que Araquistáin segurava na mão não poderia ser mais contundente: sendo Negrín presidente do Conselho de Ministros e Álvarez del Vayo ministro de Estado, como podiam os governantes do momento acusar alguém de ser trotskista e declararem-se eles próprios antitrotskistas? Algo parecido poderia ter aventado Roces se, em lugar de se manter à sombra, tivesse comparecido ao julgamento. Porque *Mis peripecias en España* não era o único livro de Trotski publicado em espanhol. De seus quatro títulos que aparecem no catálogo da Cenit, dois foram traduzidos por Nin e um por Gorkin. O tradutor do quarto é Wenceslao Roces, nada menos que Wenceslao Roces. Cabem mais contradições?

O Comitê Executivo do POUM havia se reunido na manhã de 16 de junho de 1937, em sua sede do Palácio de la Virreina, então chamado Instituto Joaquín Maurín. Depois de discutir a questão se Gorkin devia comparecer ao processo que lhe era movido como diretor de *La Batalla*, mudaram-se para outro edifício do partido situado também nas Ramblas de Barcelona. Foi ali que dois agentes à paisana detiveram Nin. Pela tarde, os demais membros do Comitê receberam várias notícias alarmantes: suas residências tinham sido invadidas; suas mulheres, detidas; as sedes do partido, ocupadas. Até às 23h, eles mesmos foram presos. Gorkin e seus companheiros passaram por diferentes celas de Valência e Madri, até que, inteirados da acusação de espionagem e alta traição que pesava sobre eles, foram levados de volta a Barcelona, onde ficaram detidos em um convento de irmãs clarissas localizado na rua Deu i Mata, que se havia transformado em Prisão de Estado. No início de junho do ano seguinte, o juiz especial encarregado de instruir o processo deu por terminado o trabalho. A exposição de motivos ao juiz ocorreu em meados de outubro e durou cerca de 11 dias. O tribunal levou outros 10 para redigir a sentença que absolvia Gorkin e seus companheiros das acusações principais, mas os considerava culpados das secundárias.

Entre os membros do Comitê Executivo que também peregrinaram por cárceres e *checas*, estava Juan Andrade, "alto e ossudo, rosto sem graça e boca desdentada, madrilenho de poucas palavras e gestos", de acordo com a descrição do próprio Gorkin. Curiosamente, John Dos Passos havia interferido em sua aproximação com o comunismo, embora de forma indireta. A história remonta a 1919, quando chegou à Espanha o norte-americano Charles Phillips, um dos emissários enviados pela Internacional Comunista com a missão de criar uma seção espanhola da organização. Phillips falava espanhol com sotaque mexicano e dizia se chamar Jesús Ramírez. Os primeiros contatos feitos em Madri tinham fracassado, quando, na biblioteca do Ateneo, conheceu um jovem loiro e de óculos, com livros em inglês. O jovem loiro era Dos Passos, que lhe apresentou dois socialistas espanhóis que liam junto a ele, cada um em uma mesa. Um deles era Fernando de los Ríos, ministro presente ao encontro de Santander, em 1933, mencionado por Dos Passos em "La república de los hombres honrados"; o outro, o conselheiro Mariano García Cortés. Através deste, Phillips fez relação com os que seriam seus principais apoios para a fundação do PCE (Partido Comunista Espanhol). Entre eles, segundo Elorza e Bizcarrondo, destacava-se o jovem Juan Andrade.

Após seu encontro com o comunista norte-americano, a biografia de Andrade é a de um revolucionário arquetípico. Fundador do PCE em 1920, abandonou todos os cargos sete anos depois devido ao perfil stalinista adotado pela revolução soviética. Da mesma forma que no caso Gorkin e de tantos outros, sua conversão pode ser explicada, como propõe François Furet, em termos religiosos: "Depois do entusiasmo do crente vem, um belo dia, o olhar crítico, e os mesmos acontecimentos que iluminavam uma existência perderam o que lhes dava luz." Em 1930, Andrade estava presente na constituição da Izquierda Comunista Española, um dos partidos que, em 1935, integrariam o POUM. Autodidata formado na biblioteca do Ateneo, Andrade dirigiu várias publicações marxistas, e sua enorme capacidade de trabalho transformou-o em um elemento indispensável em muitas das iniciativas revolucionárias da época. Editoras esquerdistas como Oriente ou Hoy dificilmente teriam existido sem ele, e o mesmo se poderia dizer da Cenit, que fundou junto com Graco Marsá e Rafael Giménez Siles. Segundo Pelai Pagès, teria sido Andrade, e não este último, o verdadeiro autor do prólogo, assinado por Valle-Inclán, do primeiro livro de Sender, hipótese que também defende o professor Gonzalo Santonja, em *Los signos de la noche*.

Três das figuras mais relevantes do POUM tinham estado, portanto, estreitamente vinculadas à Cenit: Andrade, como fundador; Nin, como tradutor de sete obras; e Gorkin, como tradutor de cinco. Certamente, não são os únicos personagens dessa história que colaboraram com a editora. Recordemos que foi a Cenit que publicou as traduções de José Robles e Márgara Villegas de obras de John Dos Passos e outros autores. Recordemos, do mesmo modo, que surgiu pela Cenit o livro de Ramón J. Sender com o falso prólogo de Valle-Inclán, além de outros três títulos. E recordemos que, além da obra de Trotski, Wenceslao Roces traduziu para a Cenit Marx, Engels, Zweig, Remarque e outros sete autores.

A história da Cenit, junto com a de outras editoras esquerdistas da época, foi estudada por Santonja em *La República de los libros*. Existia então um regime de censura prévia do qual estavam isentos os livros com mais de 200 páginas. Para burlar essa censura, vários jovens revolucionários reunidos em torno da revista *Post-Guerra* optaram por publicar livros e, para isso, fundaram as Ediciones Oriente. As previsões mais otimistas eram de que tivesse uma precária sobrevivência, se não fechasse, e o inesperado êxito dos oito primeiros títulos revelou um público potencial até então ignorado. Entre esses oito títulos havia um de Malraux, outro de Trotski, outro de Juan Andrade... Este e Rafael Giménez Siles, antigos integrantes do grupo de *Post-Guerra*, decidiram prescindir dos outros sócios e aproveitar por conta própria as possibilidades do recém-descoberto filão. Para o novo projeto editorial, contavam também com Graco Marsá, a quem Giménez Siles havia conhecido em fevereiro de 1928 no Cárcere Modelo de Madri, onde ambos cumpriam pena por atividades contra a monarquia. Marsá era um advogado republicano de tendência radical, que pouco antes havia herdado de seu avô a nada desprezível quantia de 30 mil pesetas. As conversas em torno da constituição da sociedade ocorreram na própria prisão, que era freqüentemente visitada por Andrade, e, em dezembro desse mesmo ano, já estava nas livrarias *El problema religioso en Méjico*, o primeiro livro da Cenit.

No ano seguinte, apareceu *Un notário español en Rusia*, do radical Diego Hidalgo, que mais tarde se tornaria deputado por Badajoz e chegaria a ministro da Guerra no governo Lerroux. No próprio livro, Hidalgo conta como, em setembro de 1928, enquanto realizava intermináveis gestões para obter o visto de entrada na URSS, conheceu em Paris Juan Gorkin e como, já em Moscou, conheceu também o ainda jornalista Álvarez del Vayo, que fora convidado para as celebrações do centenário de Tolstoi e era recebido com familiaridade nos mais diversos escritórios oficiais. A obra de Hidalgo, da qual foram vendidas quatro edições antes de 1936, foi um dos maiores êxitos da Cenit, mas o principal apoio econômico de seu autor à editora consistiu em garantir-lhe liquidez com sua fortuna pessoal. Não foi, muito menos, o livro de Hidalgo o único que a Cenit publicou sobre a URSS. Em um catálogo no qual predominam as obras que celebram as conquistas da revolução, destaca-se a presença de *Rusia al desnudo*, de Panaït Istrati. O livro, traduzido sob pseudônimo por Julián Gorkin e publicado em 1930, apenas um ano depois de seu lançamento na França, foi considerado o primeiro de um comunista decepcionado pelo que viu na União Soviética e foi definido por Furet como um antídoto "contra os relatos de viagem soviéticos com água de rosas". *Rusia al desnudo* motivou, naquele momento, o rompimento de Giménez Siles e Andrade. O primeiro, embora nunca tenha militado em nenhum partido, encontrava-se muito mais próximo da ortodoxia comunista que o segundo, trotskista declarado, que abandonou a Cenit para prosseguir, com as Ediciones Hoy, seu próprio caminho editorial. Graco Marsá não demorou a seguir os passos de Andrade e, no verão de 1930, deixou Giménez Siles para fundar a Zeus.

A atividade da Cenit se prolongaria até um mês antes da guerra civil. Nesses oito anos, Giménez Siles publicou mais de 200 livros divididos em 25 séries, entre as quais se destacavam as coleções "La Novela Proletaria, Novelistas Nuevos y Crítica Social, Biblioteca Carlos Marx, Cuentos Cenit para niños"... Entre esses últimos, certamente, foi publicado em 1931 um de L. Panteleiew intitulado *El reloj o las aventuras de Petika*, com uma dedicatória do editor para Coco e Miggie Robles. Giménez Siles foi um dos grandes editores espanhóis daqueles anos. À sua atividade à frente da Cenit é preciso somar a condição de promotor de diferentes revistas e impulsionador de iniciativas tais como a Feira do Livro de Madri e os caminhões-biblioteca, que aproximavam a cultura dos rincões mais distantes da geografia peninsular. A capacidade organizativa de Giménez Siles é quase lendária. O caso da Cenit mostra isso claramente, pois não em vão foi ele quem, praticamente sozinho, levou adiante a editora, após as precoces renúncias de Andrade e Marsá.

Embora, na realidade, durante todos esses anos não estivesse totalmente só. A seu lado, estava Wenceslao Roces, com quem havia colaborado na revista *El Estudiante*, do mesmo modo que havia feito com Andrade, em *Post-Guerra.* Uma simples olhada no catálogo da editora é suficiente para comprovar que tanto Roces quanto Gorkin e Nin trabalharam para a Cenit desde a fundação. A intensa contribuição desses dois últimos é interrompida, contudo, bastante cedo: a última tradução de Gorkin foi publicada em 1931, e a última de Nin, em 1932. Não é arriscado supor que essa interrupção teve algo a ver com a ruptura de Giménez Siles e Andrade, de quem sequer chegaria a publicar uma obra que já havia sido anunciada como prestes a ser lançada. Andrade não demoraria a fundar, junto aos outros dois, o POUM, e sua saída da Cenit coincidiu com um significativo aumento da influência de Roces. Este, sem renunciar a seus afazeres na editora, passou a dirigir a recém-criada Biblioteca Carlos Marx, e, se durante o chamado biênio negro, Giménez Siles teve que prescindir temporariamente de sua contribuição, não foi por vontade própria. No final de 1934, em conseqüência da repressão iniciada após a insurreição dos mineiros de Astúrias, Wenceslao Roces foi detido e preso e, após obter, graças a Diego Hidalgo, liberdade condicional, apressou-se a buscar refúgio na Rússia.

Em uma entrevista de 1929, citada por Santonja, Giménez Siles havia anunciado a publicação de *La revolución desfigurada*, "estudo que, pelas graves acusações nele contidas contra as figuras principais do atual comunismo russo, não pôde ser publicada e nem sequer enviada por Trotski aos amigos residentes fora da Rússia até que ele próprio saísse do território da URSS". O livro foi publicado, efetivamente, mas em pouco tempo desapareceu do catálogo da editora, e o mesmo ocorreu com *Rusia al desnudo.* A obediência da Cenit à ortodoxia soviética cresceu a ponto de o Comintern tê-la escolhido, em fevereiro de 1936, como a editora para a qual deviam ser canalizadas na Espanha suas publicações de propaganda: para esse fim, a direção do Comintern destinou a nada desprezível quantia de 50 mil pesetas, que a Cenit dividiria com uma revista cultural a ser criada. Santonja diz que a saída de Andrade "não admite a explicação simplista de caracterizar Siles ou Roces, ou ambos, com as típicas avaliações do manual anti-stalinista". O que não diz é que a queda de Andrade e a ascensão de Roces refletiam no seio da editora a mesma fratura que vinha se produzindo no âmbito da esquerda revolucionária espanhola e que, por sua vez, era reflexo da política de esmagamento da dissidência que estava se desenvolvendo na URSS: uma fratura, de qualquer forma, que não pararia de crescer e que acabaria deixando uns no lado dos perseguidos e outros, no dos perseguidores. A história da Cenit torna-se assim um aviso e uma metáfora dessa outra perseguição, mais abrangente e sangrenta, que não demoraria a começar, com o início da guerra civil.

A vítima mais ilustre dessa perseguição foi, certamente, Andreu Nin. Dificilmente se poderá encontrar um retrato de Nin mais completo que o deixado por Josep Pla, que encontrou com ele em Moscou, em meados de 1925: "Um homem de estatura média, corpulento mas não obeso, forte, com feições muito bem desenhadas: o nariz curvo, boca e orelhas pequenas, normais, admirável dentadura branca, olhos grandes da mesma cor castanha do cabelo, pele pálida meio acinzentada que, às vezes, apresentava umas manchas levemente rosadas, queixo e bochechas pouco carnosas. De coxas e pernas um pouco curtas, mas bem musculosas, apoiava os pés sobre o solo com uma estabilidade considerável..." A amizade entre ambos consolidou-se durante as seis semanas que o escritor ampurdanês* passou no país dos sovietes como enviado especial do diário *La Publicitat.* Trinta e três anos depois dessa viagem, Pla dedicaria a Nin um texto da segunda série de *Homenots*, e suas palavras transmitem pouca simpatia por um personagem que, em outro lugar, qualifica de "infortunado e inesquecível amigo". Considerando indiscutíveis seus méritos como tradutor de

*Natural de Ampurdán, comarca da Catalunha. *(N. da T.)*

Tolstoi e Dostoievski para o catalão e reconhecendo-lhe algumas virtudes políticas, Andreu Nin nos é apresentado como um homem dogmático e ressentido, alguém a quem a experiência soviética converteu em "um agitador frio, glacial, egoísta, ambicioso".

Nin foi o espanhol que mais poder chegou a ter na URSS. Quando Pla o conheceu, unia a condição de secretário-adjunto do Profintern à de deputado do Soviet de Moscou. Wilebaldo Solano, que durante a guerra seria secretário-geral da organização juvenil do POUM, destacou o amor que Nin sentia pelo povo russo, por "sua espontaneidade, sua humanidade, sua simplicidade e seu entusiasmo revolucionário". Em Moscou, casou-se com uma jovem militante local, e somente as represálias de Stalin contra os que, como ele, haviam aderido ao grupo opositor, liderado por Trotski, levaram-no a mudar de local de residência. Afastado dos cargos e expulso do partido no final de 1928, conseguiu escapar da URSS no verão de 1930, com as duas filhas, Ira e Nora, e a mulher, Olga Taeeva, que obteve autorização para deixar o país após escrever uma carta em que ameaçava suicidar-se.

Sua posterior evolução política na Espanha foi estudada por Francesc Bonamusa, em *Andreu Nin y el movimiento comunista en España*: sua profusa e, ao final, desgastada amizade com Trotski, as freqüentes divergências com Joaquín Maurín, a fundação do POUM após a fusão da Esquerda Comunista Espanhola com o Bloco Operário e Camponês... Durante esses anos, a atividade como tradutor de literatura russa para o castelhano e o catalão constituiu sua principal (e, às vezes, única) fonte de recursos: nada menos que 26 traduções publicadas, às quais teria que se acrescentar algumas inéditas, como uma série de escritos de Vladimir Antonov Ovseenko sobre o Exército Vermelho que, ao que tudo indica, foi perdida no final de 1936.

Iniciada a guerra, Antonov Ovseenko, membro da velha guarda bolchevique e suposto líder da tomada do Palácio de Inverno, em

1917, foi nomeado cônsul-geral da URSS em Barcelona, cidade a que chegou em 1º de outubro de 1936. Naquela altura, a ausência de Maurín, que a guerra havia surpreendido na Galícia, tinha convertido Nin no líder indiscutível do POUM, e, como representante deste partido, ocupava o Comissariado de Justiça e Direito do recém-formado governo da Generalitat. Nin e Antonov Ovseenko tinham sido amigos em Moscou e, inclusive, haviam colaborado na mesma plataforma de oposição a Stalin. Agora, entretanto, Antonov Ovseenko estava longe de toda veleidade trotskista, e o primeiro encontro entre ambos (em que, como único membro do governo que conhecia a língua russa, coube a Nin fazer o discurso de boas-vindas) foi tenso e protocolar: de fato, Antonov Ovseenko fingiu não reconhecer Nin. Duas semanas depois, encontraram-se em outro ato oficial e, também nessa ocasião, Nin teve que atuar como intérprete. Nenhum dos dois ignorava, contudo, que se encontravam em posições contrárias: não em vão, Antonov Ovseenko havia deixado claro que o possível aumento da ajuda soviética à Catalunha estava condicionada à expulsão dos supostos trotskistas do governo da Generalitat. As pressões não tardaram a dar fruto e Nin foi destituído do cargo de conselheiro em meados de dezembro, quando contava com apenas dois meses e meio na função.

O cônsul soviético foi também um dos principais impulsionadores da repressão ao POUM, mas os incitadores mais visíveis foram as seções espanhola e catalã do Comintern (quer dizer, o PCE e o PSUC*), através de seus órgãos oficiais. Representantes na Espanha da política de Hitler, trotskistas sob as ordens do fascismo internacional, quinta-colunistas financiados pelos serviços secretos de Alemanha e Itália...: assim eram, nessas publicações, classificados os poumistas. Além disso, proliferavam as caricaturas nas quais o POUM era representado

*PSUC — ramo catalão do PCE. *(N. da T.)*

como uma figura que tira uma máscara com a foice e o martelo e deixa aparecer uma espantosa cara com a suástica gravada ou onde se via Nin e Franco apertando amistosamente as mãos. O próprio Nin denunciou que nas publicações do PSUC fora dito que ele "não teve que trabalhar porque sempre foi pago por Hitler".

A campanha contra os chamados trotskistas espanhóis sucedia o primeiro dos processos de Moscou, de agosto de 1936, e coincidia com o segundo, de janeiro de 1937. A nova retórica dos veículos comunistas limitava-se a reproduzir os termos das acusações stalinistas contra a velha guarda bolchevique, acusações que consideravam provada a existência de conspirações trotskistas, que pretenderiam derrubar o regime soviético com o apoio de governos fascistas estrangeiros. Em seus comícios, Andreu Nin respondia dizendo que havia sido possível eliminá-los do governo, mas que, para eliminá-los da vida política, "precisariam matar todos os militantes do POUM". Entretanto, nem ele nem seus correligionários levavam a sério a possibilidade de que a perseguição fosse alcançar na Espanha os sangrentos níveis da Rússia. María Teresa García Banús, mulher de Juan Andrade, recordaria muitos anos depois que o norte-americano Louis Fischer havia aconselhado que tivessem cuidado, "pois estava certo de que na URSS existia a intenção de exterminar o POUM, advertência que parecia inacreditável naquele momento e à qual foi dada pouca atenção".

Andreu Nin também deu pouca atenção a uma advertência muito semelhante de Liston Oak, no final de abril, na presença de John Dos Passos. E, contudo, o pior da repressão estava por acontecer. Na tarde de 3 de maio, apenas um dia depois de Oak e Dos Passos terem abandonado a Espanha, um amplo contingente de militares tentou tirar os sindicalistas da CNT do controle da Telefônica de Barcelona. Durante os três dias seguintes, as ruas do centro da cidade foram cenário de enfrentamentos armados, que acabariam provocando a queda de Largo Caballero. Esses combates, apresentados como uma insurreição de quinta-colunistas organizada pelo POUM, deviam justificar a ação do novo governo contra o partido de Nin. Entre a chegada de Juan Negrín à presidência e a detenção de seus dirigentes, aumentaram os ataques da propaganda comunista contra os "provocadores trotskistas" e *Mundo Obrero* mencionava as organizações vinculadas ao POUM para qualificá-las de "verdadeiras guerrilhas da retaguarda" e de "ninhos de fascistas a soldo dos centros de espionagem alemã". Com estas acusações, era concluída a preparação do terreno para o que estava para acontecer. Pouco depois, em 16 de junho, o POUM foi declarado ilegal e os membros de seu Comitê Executivo foram detidos.

A partir dos dados contidos no dossiê de Alexander Orlov, os jornalistas da televisão autônoma catalã Dolors Genovès e Llibert Ferri reconstruíram, em *Operació Nikolai*, o assassinato de Nin: sua entrada na prisão de Alcalá, sua negativa em ratificar as acusações, o falso resgate por membros da Gestapo... Os nomes dos verdadeiros seqüestradores, os três espanhóis, figuram no original do dossiê, mas na cópia que foi entregue a Genovès e Ferri só se pode ler as iniciais: L., A.F., I.M. Foram eles que tiraram Nin da prisão para conduzi-lo a uma *checa* da mesma localidade. Ela estava situada em um chalé que, no início da guerra, havia sido expropriado. Nele vivia Ignacio Hidalgo de Cisneros, chefe das Forças Aéreas da República e marido de Constancia de la Mora, que, nessa altura, trabalhava em Valência no Escritório de Imprensa Estrangeira e tinha, entre os subordinados, Coco Robles. Foi lá que Nin resistiu heroicamente às sessões de tortura com as quais, imitando procedimentos então habituais na URSS, se pretendia extrair uma confissão "voluntária", que facilitasse a condenação dos dirigentes poumistas que estavam presos.

Em seu livro *Unión Soviética, comunismo y revolución en España* [*The Spanish Civil War, the Soviet Union and Communism*],

Stanley G. Payne revelou que foi o próprio Stalin que redigiu "pessoalmente a ordem (que é conservada nos arquivos da KGB) para matar Nin". Stalin aparece assim como o primeiro interessado em estender à Espanha o clima de terror que já imperava na URSS. A imposição final de umas tantas condenações menores aos dirigentes do POUM demonstra a resistência das instituições republicanas à pressão stalinista. Ao mesmo tempo, a sorte dos mais destacados enviados soviéticos, a quem dificilmente as garantias legais republicanas poderiam amparar, confirma que a tempestade de expurgos e depurações desencadeada na URSS estendeu-se, em alguma medida, até a Espanha. O embaixador, Marcel Rosenberg, foi chamado a Moscou em fevereiro de 1937 e executado pouco depois. Seu sucessor seria o conselheiro da embaixada, León Gaikis, que permaneceria no cargo durante três meses e também seria chamado a Moscou e executado. O mesmo destino esperava outros importantes membros da missão diplomática, como o adido comercial, Artur Stashevski, ou o cônsul-geral em Barcelona, Vladimir Antonov Ovseenko. Tampouco escaparam desse final os principais militares soviéticos enviados como conselheiros, e entre eles estava Yan Berzin, veterano das revoluções de 1905 e 1917 e ex-diretor do GRU, e Vladimir Gorev (o que motivou uma tentativa de suicídio de sua companheira e intérprete, Emma Wolf). Sorte idêntica teriam o poderoso correspondente Mikhail Koltsov (cujo *Diario de la guerra española*, publicado parcialmente em 1938, foi elogiado por Stalin e abençoado pelo *Pravda*, pouco dias antes de ser detido e levado ao pelotão de fuzilamento) e muitos outros cujos nomes não foram mencionados neste livro. De todo este grupo, um dos poucos que se salvaram foi precisamente o homem que havia fomentado o terror na Espanha, Alexander Orlov, que, após ser chamado a Moscou, em julho de 1938, viajou para a França para pegar a mulher e a filha e, de lá, conseguiu fugir para os Estados Unidos. A implacável máquina stalinista impunha a seus peões a dupla condição de vítimas e verdugos, e desse modo assegurava a máxima operacionalidade possível. Todos eram suspeitos aos olhos de todos, e só esmerando-se na repressão da dissidência era possível confiar na redução dos efeitos do terror, aos quais, de toda maneira, acabavam sucumbindo. Diante de rivais assim, por que o pessoal do POUM ia pensar que lhes aguardava um destino melhor que o dos condenados nos processos de Moscou?

Alimentava esses temores a brutal caça que foi desencadeada contra os supostos trotskistas espanhóis. Pode-se encontrar alguns depoimentos nos livros autobiográficos do poeta Stephen Spender, do crítico literário Antonio Sánchez Barbudo, da escritora Elena Garro, do pintor Carles Fontserè... Mas, seguramente, o testemunho mais conhecido é o apresentado por Orwell, em *Homenagem à Catalunha*. Quase uma semana depois do início da repressão, os jornais de Barcelona (os únicos que chegavam à frente de Huesca) ainda não tinham informado o que estava acontecendo. As milícias do POUM continuavam funcionando como uma unidade independente e, sem dúvida, foram "muitos os que morreram em mãos do inimigo sem saber que nos jornais da retaguarda eram chamados de fascistas". Os milicianos que estavam de licença em Barcelona eram detidos para impedir que voltassem para a frente com essa notícia, e esse mesmo destino parecia esperar por Orwell quando, recuperando-se de suas feridas de guerra, regressou à cidade depois de cinco dias de ausência. Eileen, cujo quarto tinha sido cuidadosamente revistado, o esperava no salão do hotel e, quando o viu surgir, abraçou-o e sussurrou em seu ouvido: "Vai embora! Sai daqui imediatamente!" Foi assim que soube que o partido, em cujas milícias tinha se alistado para lutar contra o fascismo, fora colocado na ilegalidade. Passou as noites seguintes tentando dormir nas ruínas de prédios bombardeados, enquanto, durante o dia, procurava confundir-se com a multidão de Barcelona. Em seu deambular, não parava de se perguntar por que queriam detê-lo: que teria feito? Eileen explicou que não importava o que tivesse feito ou deixado de fazer: "Não era um grupo de delinqüentes, era simplesmente o império do terror. Eu não era culpado de nenhum ato concreto, mas de 'trotskismo'. O fato de ter participado das milícias do POUM bastava para que me prendessem." Depois de destruir a documentação que os vinculava ao POUM, George e a mulher conseguiram cruzar a fronteira. Nenhum dos dois jamais chegaria a saber o quão próximos haviam estado do perigo. Saíram da Espanha em 23 de junho, somente um dia depois de o governo de Negrín publicar o decreto-lei que criava o Tribunal Especial de Espionagem e Alta Traição. Em um livro de 1989 intitulado *El proceso del POUM*, Victor Alba trouxe à luz o informe que havia sido preparado sobre os dois para o mencionado tribunal. Nesse informe, com data de 13 de julho, estão documentadas ligações do casal Orwell com o POUM e o ILP, o que quer dizer que, se sua fuga tivesse demorado um pouco mais, nada nem ninguém teria conseguido evitar que compartilhassem a infeliz sorte de centenas ou milhares de seus correligionários.

Dos escritores com os quais Dos Passos se relacionou na Espanha, durante a primavera de 1937, Orwell não foi o único que se viu em sérios apertos. Em *La llama*, terceira parte da trilogia autobiográfica *La forja de um rebelde*, Arturo Barea recorda a implacável perseguição de que Ilsa e ele foram objeto. No final de 1936, quando já era funcionária do Escritório de Imprensa Estrangeira de Madri, Ilsa viajou para Valência, onde foi detida por "um agente da polícia política". Denunciada como espiã trotskista, teve que enfrentar um longo interrogatório, após o qual foi posta em liberdade, graças às pressões de Rubio Hidalgo. Passado algum tempo, o mesmo agente que a havia detido avisou-a de que Constancia de la Mora e o próprio Rubio Hidalgo haviam decidido prescindir dela e de Barea, contra quem havia "muitas queixas e muitas denúncias", e colocar em seu lugar uma mulher recomendada por María Teresa León, uma tal Rosario. Naquela altura, Constancia já havia se apoderado do controle do escritório de Valência e manobrava para livrar-se dos colaboradores que não eram do seu agrado, começando por Rubio Hidalgo. A Barea e sua companheira, aconselhou que tirassem umas longas e merecidas férias, e ele, no primeiro momento, não colocou em questão a sinceridade da oferta. Só percebeu as verdadeiras intenções quando recebeu uma carta em que era comunicado de que essas férias se tinham convertido em "licença ilimitada". Isso ocorreu em setembro de 1937 e, algum tempo depois, em um texto de 12 de julho de 1940, publicado em *Palavras recobradas*, afirmaria que seu afastamento havia sido "conseqüência da surda luta que sustentava contra a burocracia de Valência", a seu juízo "fascistóide sob aparência revolucionária". Barea não tardou a apresentar-se em Madri e colocar-se sob as ordens do general Miaja, trabalhando até novembro nas emissões radiofônicas para a América Latina, em que, sob o pseudônimo "Una voz de Madrid", falava um pouco sobre literatura e propaganda.

Em torno de Barea, entretanto, "estava se fechando uma densa rede", com denúncias e suspeitas contra ele e contra sua companheira: esta, ou era "uma trotskista e, portanto, espiã, ou havia cometido imprudências, mas de toda maneira seria presa de um momento para outro". Apesar das constantes pressões, resistiram a deixar Madri, até o dia em que dois agentes de polícia se apresentaram para investigar o que tinham em seu quarto. Não levaram muita coisa: a pistola, o porte de armas, os manuscritos, as cartas, as fotografias e... o exemplar de *Paralelo 42*, que Dos Passos lhes havia dado de presente em sua visita ao escritório. Em *La llama*, Barea explica: "Levaram porque estava dedicado a nós pelo autor e Dos Passos havia se declarado a favor dos anarquistas e do POUM da Catalunha." Esse exemplar foi a principal prova que encontraram para acusá-los de simpatia pelo trotskismo. O curioso é que o episódio chegou aos ouvidos de Dos Passos antes que o próprio Barea o relatasse em seu livro. Em sua carta de julho de 1939 a Dwight Macdonald, Dos Passos conta que acabava de saber das dificuldades de Barea para escapar da Espanha e acrescenta: "Quando os agentes do Partido Comunista invadiram seu quarto, encontraram algum volume da [editora] Taschen que eu lhe havia dedicado e o levaram como prova de trotskismo (ou do que fosse acusado, fosse o que fosse). Em qualquer outro contexto, seria verdadeiramente cômico." O mesmo deve ter pensado Barea que, pelo que deixou escrito, "não sentia simpatia nem pelo POUM nem por sua perseguição". Seu frágil equilíbrio nervoso voltou a ser rompido e Miaja concedeu-lhe uma permissão especial para viajar para Alicante, a fim de se recuperar. Ilsa e ele permaneceram um mês na praia de San Juan, sob o controle de agentes do SIM, e dali foram para Barcelona. Com algumas dificuldades, conseguiram permissão para deixar a Espanha e, na noite de 22 de fevereiro de 1938, cinco minutos antes de a licença expirar, cruzaram a fronteira em um carro cedido pela embaixada britânica.

Ainda está por ser feita a reconstituição das detenções de supostos trotskistas, após a chegada de Negrín à presidência do governo. Dispomos unicamente de depoimentos pouco concretos, como o da mulher de Orwell, que ouvira dizer que nos primeiros dias da repressão foram detidos "uns 400 somente em Barcelona". Mas parece evidente que essa estimativa foi superada e o próprio Orwell retifica imediatamente, dizendo: "Tempos depois me dei conta de que deveriam ser muitos mais." Acrescentou que as detenções prosseguiram durante meses e "eram contadas aos milhares". Tampouco foi fixado um número para os assassinatos e, embora a maioria das vítimas fosse de anônimos poumistas espanhóis, apareceram sobretudo os nomes de alguns ilustres antifascistas estrangeiros: o tcheco Erwin Wolff, o russo Marc Rhein, o britânico Bob Smilie, o austríaco Kurt Landau. Seus nomes, unidos seguramente ao de Nin, serviram para que uma série de intelectuais estrangeiros de esquerda iniciassem uma campanha que exigia, para os dirigentes do POUM, um processo judicial com plenas garantias legais, campanha a que não aderiu nenhuma das principais figuras da intelectualidade republicana.

Convém aqui recordar as dificuldades que Orwell encontrou para publicar *Homenagem à Catalunha*, que seu editor habitual, Victor Gollanz, rejeitou sem sequer chegar a ler, e que obteve uma áspera acolhida nos meios esquerdistas: para o crítico do *New Statesman*, por exemplo, "seu apetite pela verdade nua e crua era 'perverso'". A inexistente repercussão do livro, que só vendeu, até o fim da década de 1940, umas centenas de exemplares, fala claramente da solidão de Orwell na defesa de uma visão antitotalitária no seio da esquerda. Em *La Victoria de Orwell* [*Orwell's Victory*], Christopher Hitchens escreveu que, para a esquerda oficial, o autor britânico cometeu o pecado definitivo de "dar munição ao inimigo". Sem dúvida, uma acusação semelhante ameaçava (e torturava) os intelectuais espanhóis, sobretudo naquela altura, meados de 1937, em que a palavra de ordem dominante era a de "primeiro ganhar a guerra".

A repressão aos poumistas não foi ainda mais furiosa e sangrenta porque, nos momentos mais duros, muitos sindicalistas da CNT os auxiliaram e deram cobertura. Não foram os únicos: Wilebaldo Solano recorda: "Inclusive na época da clandestinidade, havia militantes do PSUC que nos informavam do que estava para nos acontecer, que nos alertavam." Assim, a incendiária propaganda daqueles dias, que estimulava diretamente a delação, nem sempre alcançava seus objetivos, embora a mensagem principal, repetida à exaustão nas manchetes dos jornais, pichações de rua e cartazes que percorriam Barcelona colados em ônibus, tenha conseguido mobilizar boa parte da militância comunista. A censura, da qual estavam isentas as publicações do PSUC, se encarregava por outro lado de arredondar o trabalho, fazendo calar rapidamente as vozes discrepantes. Ante tal panorama de intoxicação informativa, foram numerosos os antifascistas honestos que aplaudiram a repressão, se não contribuíram para ela: como não aceitar a tese oficial e justificar os processos e as prisões dos traidores trotskistas, que se haviam sublevado na retaguarda para ajudar Franco? E por que as denúncias que chegaram do exterior deviam merecer mais confiança que as reiteradas mensagens de uma propaganda onipresente e escassamente contestada?

É preciso um esforço maior de imaginação para entender os motivos que levaram certos políticos e intelectuais revolucionários, conhecedores da verdadeira natureza do POUM, a colaborar para sua aniquilação. Para isso, seria necessário recompor a imagem que a União Soviética havia divulgado em seus vinte anos de existência. A URSS havia nascido como a pátria do socialismo e do proletariado, o país onde se estava forjando um mundo novo, povoado por homens novos, e gestando uma civilização sem precedentes. Nessa civilização, em contraste com as sociedades capitalistas, todos os males estariam resolvidos, e quem visitava a URSS tinha a sensação de estar participando de uma imensa epopéia coletiva e vivendo uma utopia libertadora radicalmente nova. O caráter científico do marxismo, assegurado pela experiência da revolução de 1917, garantia a vitória futura da revolução mundial, aquela para a qual todo comunista deseja contribuir. Sobre o Andreu Nin de 1925, escreveu Pla: "Quando falava sobre a sociedade futura, ficava um pouco sombrio." Quem matou Nin o fez precisamente em nome dessa sociedade futura, em nome dessa revolução internacional, que tão próxima estava após o "inevitável" triunfo do comunismo na Espanha. Mas não só em nome disso: também em nome do antifascismo. Desde a subida de Hitler ao poder, a URSS havia se tornado a principal potência antifascista, e seu solitário apoio à República espanhola a elevava à categoria de mito.

O mais terrível desta história é que as vítimas e os verdugos da Espanha de 1937 compartilhavam o essencial: a fé marxista no futuro e a urgência em combater o fascismo. Mas, para os verdugos, isso era irrelevante, quando colocado ao lado da verdadeira questão: a aceitação ou não da ortodoxia, a submissão ou não ao dogma pelo qual era verdadeiro aquilo que atendia aos interesses da URSS (e, portanto, de Stalin) e falso o que os prejudicava. Admitir este princípio constituía o primeiro passo para todo o resto: para justificar as deficiências na construção do socialismo, para tolerar a perseguição dos desvios, para consentir nos crimes.

François Furet escreveu em *O passado de uma ilusão*: "Quem critica Stalin, está a favor de Hitler. A genialidade do georgiano consiste em ter feito com que tantos homens razoáveis caíssem nessa armadilha, tão simples quanto aterradora." Na Espanha de 1937, foram numerosos os homens razoáveis que caíram na armadilha.

Notas

Capítulo 1

Só a morte de Robles... Uma tradução parcial de *The Theme is Freedom*, que inclui o texto sobre o caso Robles, aparece no livro de Carlos Rojas *Por qué perdimos la guerra*. A carta de Dos Passos a Robles, de 17 de fevereiro de 1917, faz parte da coleção da família Ortiz Robles (a partir de agora, "OR").

Em 1918, após licenciar-se... Os requerimentos manuscritos de José Robles dirigidos à Junta para Ampliação de Estudos são conservados no Arquivo da Residência de Estudantes (Madri).

Em março de 1920, enquanto... As cartas de 8 de outubro e 20 de junho de 1920 de Dos Passos a Robles, em "OR".

A julgar pela correspondência... Carta de 3 de fevereiro de 1926 de Robles a Dos Passos, em "The Papers of John Dos Passos", Biblioteca Alderman da Universidade de Virgínia (a partir de agora, "PJDP"). Também em "PJDP" as cartas que fazem alusão a Unamuno, Valle-Inclán, Borges (23 de fevereiro de 1924) e os irmãos Álvarez Quintero.

Ambas as obras seriam publicadas... José Robles acrescentou a *Babbitt* um unamuniano prólogo em que, para averiguar algo sobre o autor da obra, simulava entrevistar seu protagonista.

Robles, embora nunca... Francisco Ayala: *Recuerdos y olvidos*. Nesse livro aparece uma foto de grupo em que, apesar do que diz o texto, não está José Robles.

Durante o período seguinte... José Robles: *Tertulias españolas*.

Pepe costumava ir... Sobre a verdadeira autoria do prólogo de *El problema religioso en Méjico*, ver apêndice.

De volta à América do Norte... Edmund Wilson: *Letters on Literature and Politics. 1912-1972* e *The Thirties.* Jeffrey Meyers: *Edmund Wilson: Uma biografia.*

No final desse ano... Carta de 26 de dezembro de 1934, de Dos Passos a Robles, em "OR".

O historiador Daniel... No curso de minhas pesquisas tive oportunidade de entrevistar dois intérpretes dos conselhos militares soviéticos, Clara Rosen e Lydia Kúper, que (devido, seguramente, a seus destinos na frente) não tinham ouvido falar do que aconteceu a José Robles. Sobre Lydia Kúper e outros intérpretes publiquei, no suplemento "Culturas", do jornal *La Vanguardia*, o artigo "El periplo de Lydia Kúper".

Vladimir Gorev falava... Carta de 20 de outubro de 1936, de Robles a Lancaster, na "José Robles Pazos Collection", Biblioteca Milton S. Eisenhower da Universidade Johns Hopkins de Baltimore (a partir de agora, "JRPC").

Homem despreocupado e... Os documentos secretos que já foram revelados estão no livro de Ronald Radosh, Mary R. Habeck e Grigory Sevostianov (editores): *España traicionada. Stalin y la guerra civil.*

No início de novembro... Julián Zugazagoitia: *Guerra y vicisitudes de los españoles.*

Em Valência, José Robles... Max Aub: *Campo abierto.* Esteban Salazar Chapela: *En aquella Valencia.* A referência à amizade de Robles com Matthews aparece em um documento anônimo encontrado entre os pertences familiares de Cristina Allott, sobrinha-neta de Robles.

Aquele foi um triste... Eugenio F. Granell: "Los silencios de Alberti", em *Ensayos, encuentros y invenciones.* Benjamín Prado: *A la sombra del ángel. 13 años con Alberti.*

Mais firmeza temos... A resposta de 28 de janeiro de 1937 do Departamento de Estado, em "JRPC".

Em uma das cartas dirigidas... Cartas de Coco Robles (6 de janeiro de 1937) e Coindreau (11 de fevereiro de 1937), em "JRPC".

CAPÍTULO 2

Os itinerários de Dos... Townsend Ludington: *John Dos Passos. A Twentieth-Century Odissey.* John Dos Passos: *The Fourteenth Chronicle. Letters and Diaries of John Dos Passos* (edição de Townsend Ludington). Cartas de 13 de novembro e 4 de dezembro de 1916 de Dos Passos a Rumsey Marvin, em *The Fourteenth Chronicle.*

Somente voltaria à Espanha... Carta sem data, em "OR". Carta de 20 de setembro de 1919 de Dos Passos a Rumsey Marvin, em *The Fourteenth Chronicle.*

Dos continuava com... Carta de 8 de dezembro de 1919 de Dos Passos a Stewart Mitchell, em *The Fourteenth Chronicle.* Carta de janeiro de 1920 de Dos Passos a Thomas P. Cope, em *The Fourteenth Chronicle.*

Em março viajou... Carta sem data, em "OR".

Exatamente um ano depois... Carta sem data, em "OR".

Em vários dos poemas... O manuscrito da tradução, com data de 3 de fevereiro de 1921, em "PJDP". Catalina Montes: *La visión de España en la obra de John Dos Passos.*

Sua rejeição ao capitalismo... John Dos Passos: "El visado ruso", em *En todos los países.*

Em fevereiro de 1930... Carta de 25 de maio de 1933 de Dos Passos a Hemingway, em *The Fourteenth Chronicle.*

O casal Dos Passos havia... Carta a Edmund Wilson de 26 de novembro de 1966, em *Letters on Literature and Politics.* A reconstrução desta viagem foi feita a partir de *Años inolvidables* e "La república de los hombres honrados" (em *En todos los países*).

Fiel a sua gente... Casas Viejas era uma aldeia do município de Medina Sidonia, na província de Cádiz. A propriedade de suas terras, muitas das quais permaneciam sem cultivar, estava concentrada em poucas mãos, e seus habitantes confiavam na tantas vezes prometida reforma agrária como única solução para uma fome e uma miséria seculares. Em 10 de janeiro de 1933, tiveram informações de que havia sido instituído na Espanha o comunismo libertário, e o homem que, segundo Sender, detinha a autoridade no seio do sindicato anarquista local, um septuagenário chamado Seisdedos, acreditou que havia chegado o momento de adonar-se dos municípios e repartir a terra. Suas informações estavam erradas, mas eles não souberam disso até um pouco mais tarde, e naquela altura já haviam comunicado suas intenções ao destacamento da Guarda Civil. Esta declarou que morreria antes de se render. Houve troca de disparos e ficaram feridos dois guardas civis, que faleceriam pouco tempo depois. Quando Seisdedos soube que a rebelião estava condenada ao fracasso, cinco homens, duas mulheres e seu pequeno neto se trancaram em uma palhoça. Os guardas não demoraram a receber reforços. De madrugada, um capitão da Guarda de Assalto assumiu o controle da praça e os 200 homens de sua companhia cercaram a palhoça. O cerco demorou a dar resultados e o delegado do governo deu ordem para arrasar a palhoça. Os guardas puseram fogo nela. Antes que o teto caísse, uma das mulheres e o menino saíram correndo. Depois, tentaram fazer o mesmo a outra mulher e um homem, mas foram varridos por disparos. Não demorou para estender-se a outra localidade uma feroz repressão e vários homens que não haviam tido relação alguma com os fatos foram detidos e automaticamente fuzilados. Seus cadáveres foram jogados às chamas junto com os dos cercados. No total, embora as cifras de Sender e Dos Passos não coincidam, os guardas tinham matado 22 pessoas.

Para dar publicidade... Amanda Vaill: *Everybody Was So Young. Gerald and Sara Murphy.*

O catálogo incluía tanto... Uma cópia da *petição*, dirigida a Niceto Alcalá-Zamora, foi encontrada pelo filho do artista, Paul Quintanilla, nos arquivos da galeria Pierre Matisse. Carta de 13 de novembro de 1934, de Dos Passos a Malcolm Cowley, em *The Fourteenth Chronicle.* Carta de 26 de dezembro de 1934 de Dos Passos a Robles, em "OR". Alusão a Leroux na carta de 24 de novembro de 1934 a Cowley, em *The Fourteenth Chronicle.*

Para sua surpresa, as coisas... Carta de 5 de fevereiro de 1935 de Dos Passos a Wilson, em *The Fourteenth Chronicle*. Carta de 30 de maio de 1935 de Quintanilla a Dos Passos, em "PJDP".

Capítulo 3

A preocupação de Dos Passos... Virginia Spencer Carr: *Dos Passos. A Life*. O nome de Mary McCarthy, que pouco depois se casaria com Edmund Wilson, também figurava sem seu consentimento entre os dos membros do comitê.

Nessa ocasião, Dos não... A maioria dos textos sobre a guerra civil incluídos em *Journeys Between Wars* compõe o volume intitulado *La guerra civil española*.

Seguindo um conselho de... Carlo Tresca aparece em *Century's Ebb* como Ugo Salvatore.

Quando chegaram a Valência... A menção a Salazar Chapela, no já mencionado *En aquella Valencia*.

O escritório tinha sede... Todos os encontros de Arturo Barea, salvo quando houver indicação diferente, procedem de *La forja de un rebelde*. Constancia de la Mora: *Doble esplendor*.

Não é a primeira vez que... A referência a Dos Passos ao saber e à sensibilidade de Robles, procedente de *The Theme is Freedom*, está reproduzida no livro de Carlos Rojas *Por qué perdimos la guerra*.

Nessa mesma tarde, foi... Carta de 28 de março de 1937 de Coindreau a Lancaster, em "JRPC".

No dia seguinte, foi... Álvarez del Vayo (a quem Rafael Cansinos-Assens, em *La novela de un literato*, descreve como um revolucionário frívolo e requintado, amigo "da boa cerveja, dos bons mariscos e das boas mulheres", vestido sempre com uma "elegância um pouco escandalosa") era assíduo em algumas das principais tertúlias madrilenhas. Entre elas estava a de La Granja del Henar, onde muito provavelmente deve ter encontrado com Dos Passos.

Em algum momento, realizou-se... A maior especialista na vida e obra de Quintanilla, a professora Esther López Sobrado, demonstrou que ele estava na Espanha no mês de abril: muito pouco depois, no primeiro de maio, ocorreu a rendição de uma companhia da Guarda Civil que havia tomado o monastério de Santa Maria de la Cabeza, acontecimento testemunhado pelo pintor, que inspirou uma série de desenhos seus. Em *Century's Ebb*, Quintanilla aparece como Alfredo Posada, um pianista que morou em Paris e que, nessa altura, colabora com o ministro, facilmente reconhecível na figura de Juan Hernández del Río.

Após seu encontro com o santanderino... O famoso jornalista francês poderia ser Antoine Saint-Exupéry, que nessa mesma época viajou para Madri. Alguns disseram que se tratava de André Malraux, mas a cronologia estabelecida por Olivier Todd em sua biografia do escritor (*André Malraux. Una vida*) permite descartar essa possibilidade. Ver também *Malraux en España*, de Paul Nothomb.

Dos Passos não demorou a retomar... Paul Quintanilla: *Waiting at the Shore.*

Não muito longe do Hotel Florida... Arthur Koestler: *Autobiografía.*

Quando escreveu isso... Arturo Barea: *Palavras recobradas. Textos inéditos.*

Em seu livro autobiográfico... Em *Century's Ebb*, Hemingway aparece como George Elbert Warner.

Recordemos que, antes da... A carta de 12 de maio de 1934 com a alusão de Dos Passos a Alberti, em "OR".

A foto de que fala... Josephine Herbst: *The Starched Blue Sky of Spain and Other Memoirs.* Ernest Hemingway: La guerra de España.

Ambos os fatos estão... Elinor Langer: *Josephine Herbst.*

Pelo visto, as mentiras... Elinor Langer: "The Secret Drawer".

Dois anos depois... Carta do verão de 1939 de Dos Passos a Herbst, em *The Fourteenth Chronicle.* Carta de julho de 1939 a *New Republic*, em *The Fourteenth Chronicle.*

Dos Passos saiu de... As palavras de Hemingway, citadas por Stanley Weintraub em seu prólogo para *La guerra civil española*, de John Dos

Passos. Carta de julho de 1939 de Dos Passos para Dwight Macdonald, em *The Fourteenth Chronicle.*

Passados os primeiros momentos... Stanley G. Payne: *Unión Soviética, comunismo y revolución en España.*

Talvez seja este... Carta de 5 de novembro de 1937 de Dos Passos para Lancaster, em "JRPC". Carta de 24 de julho de 1937 de Márgara para Lancaster, em "JRPC".

Provavelmente, as razões... Folha de serviço do general Ramón Robles Pazos, no Arquivo Geral Militar (Segóvia).

Houve outra mentira... A referência de Koch a Joris Ivens, no já citado *El fin de la inocencia.*

De acordo com... As palavras de Ayala, no já citado *Recuerdos y olvidos.*

Informes confidenciais... O informe Gorev, no livro de Radosh, Habeck e Sevostianov. Stanley Weintraub, no prólogo de *La guerra civil española*, de Dos Passos.

CAPÍTULO 4

As coisas aconteceram... Trapiello é autor de *Las armas y las letras*, a já clássica monografia sobre o tema da guerra civil e a literatura.

Mas Sandoval havia... A Causa General está depositada no Arquivo Histórico Nacional (Madri). Com o título *Causa General. La dominación roja en España* foi publicado um volume com parte das informações obtidas pelo ministério público.

Outra versão, a do... Francisco Agramunt: "La memoria oscura de las checas".

Daniel Kowalsky, que dedicou... Mais adiante, após dirigir a repressão do POUM em Barcelona, se unirá a Justin, Cobo e Vázquez o manco Eusebio Rodríguez Salas, cuja crueldade, de acordo com Sandoval, só era comparável com a do próprio Apellániz: "O indivíduo que caía em suas mãos era um homem morto ou saía aleijado."

Como veremos, a imprecisão... John Costello e Oleg Tsarev: *Deadly Illusions.*

Os interrogatórios, como sabemos... Algum funcionário da Causa General tentou, de forma bastante arriscada, identificar este Leo com o embaixador Rosenberg. Quanto a Muller, segundo Germán Sánchez ("El misterio Grigulevich"), tinha colaborado muito com Yosif Grigulevich em diferentes "atividades irregulares".

Minhas conversas com... Paulina Abramson garante em *Mosaico roto* que Berzin "recebeu agressivamente" Orlov.

Dentro da lógica stalinista... Stalin mandou fuzilar muitos dos militares soviéticos que lutaram pela República, entre eles Grigorii Shtern, Manfred Stern (o general Kleber), Yakov Smushkevich (o general Douglas), Butyrski, Pumpur, Ptukhin, Rychagov...

Capítulo 5

Ao chegar à cidade... Em abril de 1937, Julio Álvarez del Vayo tinha 47 anos e compatibilizava suas responsabilidades à frente do Ministério de Estado com a direção do Comissariado Geral de Guerra. Mikhail Koltsov, com quem tinha uma amizade antiga, descreveu-o então como um homem "sem garbo, com seu uniforme cáqui, inclinando sua cabeça grande de intelectual, com os óculos entalhados". Tinha biografia de cosmopolita. Estudante, inicialmente em Londres e Leipzig, foi mais tarde tradutor nos Estados Unidos e correspondente do diário *El Sol* em Genebra; na década de 1920 havia feito várias viagens à Rússia, as quais resultaram em três livros em que relatava os êxitos da revolução. Com o advento da República, o radical Alejandro Lerroux entrou no governo provisório para assumir o Ministério de Estado e repartiu algumas das principais embaixadas entre figuras da intelectualidade: Ramón Pérez de Ayala, Salvador de Madariaga, Gabriel Alomar. Álvarez del Vayo foi para a do México. Como ele mesmo conta em *La guerra empezó en España*, em 1933 foi designado para a embaixada em Moscou, mas, quando se encontrava a caminho da Rússia, soube da queda do governo e apresentou sua demissão. Filiado ao Partido Socialista e ligado à corrente liderada por Largo Caballero, ocupou uma cadeira de deputado nas legislaturas de 33 e 36. Após a insurreição de Astúrias, de outubro de 1934, dirigiu o Comitê Nacional de Ajuda às Vítimas, que havia sido criado pelo Comintern: naquela altura, como diz Payne em *Unión Soviética, comunismo y revolución en España*, Álvarez del Vayo já era considerado um "comunista disfarçado". Soube da rebelião militar através da *Gazette de Biarritz*, enquanto veraneava com a família em uma praia francesa próxima à fronteira. Com algumas dificuldades, conseguiu chegar a Madri, e, em 5 de setembro, foi incorporado por Largo Caballero a seu governo. Era, de fato, um de seus homens de confiança, e Largo Caballero se sentiu traído quando ele apoiou a reprovação do general Asensio, proposta pelos ministros comunistas, cujo partido havia organizado uma campanha para desacreditá-lo, qualificando-o como "o general das derrotas". No mencionado livro, Álvarez del Vayo limita-se a dizer: "Largo Caballero ressentiu-se profundamente de que eu tomasse pela primeira vez uma posição diferente da sua; e desde esse dia, com grande pesar de minha parte, deixei de ser o ministro em quem tinha maior confiança." Sua afinidade com os comunistas já havia se manifestado no Comissariado Geral de Guerra com a nomeação de uma ampla maioria de comissários políticos procedentes do PCE, o que, na prática, entregava a este o controle do exército. Em seu *Diario de la guerra española*, Koltsov cita freqüentemente Álvarez del Vayo. Encontraram-se logo depois que o enviado especial do *Pravda* chegou a Madri, quando Álvarez del Vayo o visitou em seu hotel, o Florida, e continuaram se vendo com assiduidade até que, em novembro de 1937, Koltsov regressou a Moscou. Durante o mês de outubro de 1936, seu relacionamento foi particularmente estreito. Às seis da tarde, o Comissário Geral se reunia em um dos escritórios do Ministério da Guerra com seus cinco subcomissários, dois outros colaboradores e o próprio Koltsov. A participação deste nessas reuniões ultrapassa as atribuições próprias de um simples correspondente e reforça as hipóteses mais gerais sobre as verdadeiras lealdades políticas de Álvarez del Vayo. Os elogios que lhe dedicam Koltsov em seu *Diario* e André Marty em seus informes confidenciais ajudam a explicar a opinião que tinham sobre ele socialistas como Indalecio Prieto, para quem Álvarez del Vayo era um homem "servil" em relação à União Soviética, um mero "peão da diplomacia soviética". Fosse por convicção ou por pusilanimidade, o certo é que os enviados soviéticos encontraram nele um colaborador inestimável ou talvez uma marionete a quem podiam facilmente manipular. O grau de colaboração que, segundo Payne, existia entre Álvarez del Vayo e Alexander Orlov era tal que os agentes da NKVD estavam autorizados a ter livre acesso às comunicações do ministério, inclusive os criptogramas que enviavam e recebiam as representações estrangeiras na Espanha. Obediente às determinações do Comintern, Álvarez del Vayo era, por outra parte, o mais destacado dos políticos do PSOE que tinham se manifestado a favor da unificação entre comunistas e socialistas, unificação que para estes se apresentava como uma simples absorção por parte daqueles. No verão de 1937, assistiria a uma plenária do Comitê Central do PCE: sua entrada foi acolhida com ovações, e Dolores Ibárruri lhe fez os mais entusiasmados elogios. Havia, então, dois meses que tinha deixado de ser ministro, e Koltsov compila as gozações que Largo Caballero fazia sobre a sua pessoa: "Pobre Del Vayo, não lhe deram nenhuma recompensa por ter me abandonado." Voltaria a dirigir um ministério na primavera do ano seguinte. Os conselhos de ministros presididos por Largo Caballero sempre lhe pareceram demasiadamente longos. Para sua desgraça, no período de Negrín também se prolongavam demasiadamente e, frente ao "excessivo interesse em examinar cada caso" que demonstrava o ministro Irujo, compreendia o desgosto do presidente "ao perder três ou quatro horas na discussão de uma sentença de morte".

Este é o momento em... Para conhecer a história de Kate Mangan, ver Capítulo 7.

Dias depois... A carta de 8 de junho de 1937 de Orwell a Connolly, em *Orwell en España*. A citação de Trotski aparece no escrito de 29 de agosto de 1937, intitulado "Estalinismo y bolchevismo. Sobre las raíces históricas y teóricas de la IV Internacional" (incluído no CD *Escritos de Leon Trotsky*, Centro de Estudios, Investigaciones y Publicaciones Leon Trotsky, Buenos Aires, 2001).

Dos Passos, por sua vez... Cartas de Dos Passos a Lancaster, em "JRPC". Carta de julho de 1939 de Dos Passos a Dwight Macdonald, em *The Fourteenth Chronicle*.

Dos Passos compreendeu... A fugaz visita de Marcelino Pascua a Márgara está documentada em uma carta de 27 de maio de 1937 do embaixador para Dos Passos, em "PJDP". Carta de 28 de maio de 1937 de Coindreau a Lancaster, em "JRPC".

Me permiti... A reconstrução do encontro na estação, baseada em um fragmento de *Century's Ebb*, foi retirada da biografia de Dos Passos feita por Townsend Ludington.

CAPÍTULO 6

O risco que Dos... Um extrato de "Farewell to Europe!", em *John Dos Passos* de Townsend Ludington.

Atacado por publicações... A carta do outono de 1937 de Dos Passos a John Howard Lawson, em *The Fourteenth Chronicle*. As citações do artigo foram extraídas de *John Dos Passos*, de Townsend Ludington.

A postura do... Referências a Hemingway, no capítulo "Chosen Country" de *The Fourteenth Chronicle*.

Não faltavam... Episódio citado por Stanley Weintraub no prólogo para *La guerra civil española* e por Townsend Ludington em *John Dos Passos*.

Após o regresso de... A carta de 26 de março de 1938 de Hemingway a Dos Passos, em *Dos Passos*, de Virginia Spencer Carr.

Cabe imaginar... Existe uma tradução do artigo em *La guerra de España* com o título "Rememoración de una patraña" (Lembranças de uma mentira).

Por quem os sinos dobram... Para a identificação dos personagens, ver *Mosaico roto* das Abramson. Para a da personagem de María, ver *Hemingway* de Fernanda Pivano. Para outros detalhes da vida de Hemingway, usei os livros de Michael Reynolds (*Hemingway. The 1930s* e *Hemingway. The Final Years*) e o de Eric Nepomuceno (*Hemingway. Madrid no era una fiesta*).

À diferença do que... As reações dos antigos brigadistas, no prólogo de Stanley Weintraub para *La guerra de España* de Hemingway.

Em Paris, Hemingway... A acolhida crítica do romance foi estudada por Townsend Ludington em *John Dos Passos.*

Tome-se como exemplo... A carta do verão de 1939 de Dos Passos a Farrell, em *The Fourteenth Chronicle.*

Das críticas que... A carta de julho de 1939 de Dos Passos ao *New Republic*, em *The Fourteenth Chronicle.* Entre os autores que escreveram sobre o caso Robles, é preciso citar Manuel Broncano Rodríguez ("José Robles Pazos: primer traductor de John Dos Passos") e Juan José Coy ("El compromiso ético en la literatura norte-americana"). Em um contexto mais amplo, a história de Robles também aparece no interessante artigo de Marcos Rodríguez Espinosa "Rusos blancos, bolcheviques, mencheviques y trotskistas en la historia de la traduccíon en España". Juan Manuel Bonet, por sua parte, dedicou a Robles uma menção em seu já clássico *Diccionario de las vanguardias en España.* A carta de 25 de janeiro de 1940 de Wilson a Cowley, em *Letters on Literature and Politics.*

Em sua réplica a... Carta de julho de 1939 de Dos Passos a Dwight Macdonald, em *The Fourteenth Chronicle.*

Parece evidente que muitas... Carta de 16 de julho de 1939 de Wilson a Passos, em *Letters on Literature and Politics.* Dos Passos brincava freqüentemente sobre o trotskismo de Wilson e, em data tão tardia quanto 6 de fevereiro de 1964, seguia lhe atribuindo uma "fama de trotskista destruidor" (carta em *The Fourteenth Chronicle*). Carta de 16 de julho de 1939 de Ilsa a Dos Passos, citada por Townsend Ludington em *John Dos Passos.*

A literatura de Dos... Carta de 15 de março de 1947 de Dos Passos ao *Times*, em *The Fourteenth Chronicle.*

Continuava sustentando... A declaração de 22 de janeiro de 1953, em *The Fourteenth Chronicle.*

Ao crescente isolamento... Carta de 8 de setembro de 1948 de Dos Passos a Sara Murphy e carta de 23 de junho de 1949 de Dos Passos a Hemingway, em *The Fourteenth Chronicle.*

Nessa época... Cartas de 19 de julho de 1950 e 14 de setembro de 1952 de Dos Passos a Wilson, em *The Fourteenth Chronicle.* Carta de 14 de novembro de 1953 de Dos Passos a Van Wyck Brooks, em *The Fourteenth Chronicle.*

A notícia do suicídio... Postal de agosto de 1961 de Dos Passos a Sara Murphy, em *The Fourteenth Chronicle.*

Também em 1937, ficou... Julián Gorkin: *La muerte en las manos.* Em "PJDP" se conserva uma carta sem data de Quintanilla a Dos Passos com um auto-retrato e a frase: "Preparado para fazer-te o retrato." Também em "PJDP", cartas de Pepe Giner, de seu exílio parisiense, e de Márgara, do México. Após o reencontro com Coco, as de Márgara (a última das quais é de 26 de dezembro de 1968) centram-se nas novidades familiares: viagens, mortes, nascimentos. A carta de 7 de outubro de 1969 para Joseph Blotner, em que menciona Madariaga, em *The Fourteenth Chronicle.*

A última vez que, ainda... A visita de Dos Passos a Lisboa se explica pelo fato de que, naquela altura, estava trabalhando na redação de *The Portugal Story.* A nota necrológica de *Arriba* está reproduzida na íntegra no livro de Héctor Baggio, *John Dos Passos: Rocinante pierde el camino.*

CAPÍTULO 7

Sua extraordinária facilidade... Com respeito ao possível destino de Coco na Rússia, em "PJDP" se conserva uma carta de 27 de maio de 1937 de Marcelino Pascua a Dos Passos em que, enigmaticamente, o embaixador escreveu que "seria verdadeiramente difícil, quase impossível, mas sobretudo, o que é mais importante, *não creio que devamos fazê-lo*. Explicarei tudo algum dia".

Ao longo da primavera... Carta de 13 de maio de 1937 de Solalinde a Lancaster, em "JRPC". Carta de junho de 1937 de Coindreau a Lancaster, em "JRPC".

A esta altura, entretanto... Pedro Salinas e Jorge Guillén: *Correspondencia (1923-1951)*. Outro poeta que se referiu de forma pouco simpática a Robles foi José Moreno Villa, que, pouco depois de chegar ao México, foi entrevistado pela revista *Universidad* (setembro de 1937). Indagado sobre Robles, a quem lembravam de sua visita no verão de 1932, sua resposta foi: "Robles ficou louco ao começar a guerra. Assegurava que ninguém além de seu filho fazia planos para a defesa de Madri e para continuar a guerra. Quando saí, estava no cárcere. Agora dizem que morreu; se foi de morte natural, não sei." Não encontrei nenhum testemunho que confirme, sequer minimamente, a acusação. Em todo o caso, de acordo com o que ele mesmo escreveu em *Vida en claro. Autobiografía*, Moreno Villa passou por Valência quando Robles já tinha sido preso e certamente assassinado, motivo pelo qual não pôde ter um conhecimento próximo dos acontecimentos.

O que parece fora... Stanley Weintraub, no prólogo para *La guerra civil española* de John Dos Passos.

O depoimento de... Oak, citado por Héctor Baggio em *John Dos Passos: Rocinante pierde el camino*.

O estado de ânimo de Coco... Kate Mangan diz textualmente que Constancia esteve "*under a temporary political cloud*" ("sob uma nuvem política temporária").

Pelas cartas de... Cartas de Márgara para Coindreau, Crooks e Dos Passos, em "JRPC".

A apólice do... Toda a documentação do seguro e os direitos de *Cartilla española*, em "JRPC".

Ele e Lancaster... A carta de 5 de novembro de 1937 de Nathaniel P. Davis (Departamento de Estado), em "JRPC".

Os primeiros meses em... Carta de 20 de julho de 1937 da Continental American Life Insurance Company, em "JRPC".

Coco Robles acabava de... A informação sobre as atividades de Coco como soldado e suas conseqüências jurídicas e penitenciárias, extraídas do procedimento sumaríssimo de urgência número 620/38 do Tribunal Togado Militar Territorial número 32 (Saragoça).

A Divisão 75... A carta de Coco Robles a Esther Crooks, em "JRPC".

Uma boa amiga que... David Mitchell: *The Spanish Civil War (Based on Television Series)*.

O congresso realizou-se... Manuel Azcárate: *Derrotas y esperanzas. La República, la Guerra Civil y la Resistencia.*

Seria possível pensar que... Gumersindo de Estella: *Fusilados en Zaragoza. 1936-1939. Tres años de asistencia espiritual a los reos.* Ver também Julián Casanova: La Iglesia de Franco.

Assim foi a fuga... Carta de 10 de março de 1939 de Márgara a Esther Crooks, em "JRPC".

Aqueles primeiros dias... Carta de 10 de março de 1939 de Márgara a Esther Crooks, em "JRPC".

O Rassemblement... Eric Hobsbawm: *Años interesantes. Una vida en el siglo XX.*

O trabalho de Luis... As memórias de Luis Azcárate, a serem publicadas pela Taurus.

Mãe e filha empreenderam... Carta de 6 de setembro de 1939 de Coindreau a Lancaster, em "JRPC".

Em 12 de novembro... Carta de 24 de agosto de 1939 de Márgara a Lancaster, em "JRPC".

Ao que parece, a revisão... Em "PJDP" há várias cartas de Márgara a Dos Passos, nas quais insiste em pedir ajuda à embaixada norte-americana para Coco. Carta de 29 de agosto de 1940 de Alexander Weddell a Lancaster, em "JRPC". Carta de 28 de abril de 1940 de Coco a Lancaster, em "JRPC". Carta de 1º de maio de 1940 de Esther Crooks ao subsecretário de Estado Summer Welles, em "JRPC". As cartas de 5 de julho de 1940 de Coco a Dos Passos, agradecendo a proposta de adoção, e de Coco a Márgara, manifestando seu ceticismo, também estão em "PJDP".

Sobre as atividades de Coco... Carta de 5 de julho de 1940 de Coco a Márgara, em "PJDP".

María Robles... Uma cópia da petição de indulto estava entre os papéis encontrados pela sobrinha-neta de Robles, Cristina Allott.

Durante esse verão de 1944... Carta de 30 de junho de 1944 de Coco a Dos Passos, em "PJDP".

Na biblioteca da Casa... Carta de 15 de fevereiro de 1946 de Coco a Dos Passos comentando a leitura de *State of the Nation*, em "PJDP". Carta de 14 de outubro de 1946 de Márgara a Dos Passos, em "PJDP" (há outras cartas parecidas, em que Márgara expressa sua ansiedade ante o reencontro com Coco).

Daquela etapa da... Maurício Ortiz: *Del cuerpo.*

Apêndice

Em *Tras las*... Stoyan Minoev Stepanov: *Las causas de la derrota de la República española.*

Escrever textos para outras... Enrique Castro Delgado: *Hombres made in Moscú.* Antonio Machado: *La Guerra. Escritos: 1936-39.*

Seu perfil era... Manuel Aznar Soler e Luis Mario Schneider (orgs.): *II Congreso Internacional de Escritores para la Defensa de la Cultura (1937).*

Se queria matá-lo ou não... O poema inclui versos como os seguintes: "Sobre a terra primogênita e eterna do mundo / e na presença mesmo de Deus / aqui, / vamos falar aqui / do NEGÓCIO ESPANHOL REVOLUCIONÁRIO". Há edição (em xerox) de *Hora de España* (Topos Verlag Ag — Editorial Laia. Vaduz Liechtenstein — Barcelona, 1977). Manuel Aznar Soler e outros: *València capital cultural de la República (1936-1937). Antologia de textos i documents.*

Após seu encontro com... Juan Andrade: *Recuerdos personales y Notas sobre la guerra civil. Actuación del POUM.* Pelai Pagès, no prólogo de *Recuerdos personales*, de Juan Andrade.

Três das figuras mais relevantes... Inclusive Julio Álvarez del Vayo e seu cunhado Luis Araquistáin colaboraram com a Cenit, escrevendo prólogos, o primeiro para o romance *El cemento*, de Fiodor Vasilievich Gladkov, e o segundo para duas obras de "teatro da revolução", de Romain Rolland.

No ano seguinte, apareceu... Na realidade, embora assinado só por Panaït Istrati, *Rusia al desnudo* foi escrito por este, Victor Serge e Boris Souvarine.

A atividade da Cenit... Durante a guerra, Giménez Siles dirigiria a editora Nuestro Pueblo e, já no exílio mexicano (onde se casou com uma filha do filólogo Tomás Navarro Tomás, que havia sido professor de Dos Passos no outono de 1916), levaria adiante novos projetos editoriais, assim como a rede Librerías de Cristal, a certa altura o maior complexo livreiro da América Latina.

Em uma entrevista de 1929... A escolha da Cenit pelo Comintern é demonstrada no documento que Daniel Kowalsky descobriu no Arquivo Estatal Russo de História Sociopolítica, que menciona em *La Unión Soviética y la guerra civil española.*

A vítima mais ilustre... Josep Pla: *Viatge a Rússia el 1925* y *Homenots. Segona sèrie.*

Nin foi o espanhol... Wilebaldo Solano: *Vida, obra y muerte de Andreu Nin.*

A campanha contra os... María Teresa García Banús, no prólogo para *Recuerdos personales*, de Juan Andrade.

A partir dos dados... Llibert Ferri: "Nikolai: claror, ombra i penombra". O documentário foi comercializado em DVD com o título *Operació Nikolai. El segrest i assassinat d'Andreu Nin* (Enciclopèdia Catalana-Televisió de Catalunya, Barcelona, 2003).

Alimentava esses temores a brutal... Em *Un mundo dentro del mundo*, o poeta Stephen Spender recorda um motorista comunista que se jactava de ter matado a sangue-frio seis membros do POUM e, ele mesmo, tampouco suspeito àquela altura de desviacionismo ideológico, chegou a ser acusado de se comunicar com seu "inimigo de classe" por ter mantido uma conversa com um empregado da embaixada britânica. Em *Ensayos y recuerdos*, o crítico literário Antonio Sánchez Barbudo narra um episódio similar, em que sentiu sua "pele em perigo", depois de ser detido por ter respondido com altivez à pergunta impertinente de um inspetor russo que queria saber o que ele fazia "na luta contra o trotskismo". Em *Memorias de España, 1937*, a também escritora Elena Garro evoca a tensão que experimentou quando foi acusada de espionagem por ter compartilhado seu maço de cigarros Lucky Strike com uns soldados ("É uma espiã inglesa! Vimos quando dividia seus cigarros com soldados para obter segredos militares!"). A então jovenzinha Elena Garro tinha viajado para a Espanha acompanhando seu marido, Octavio Paz, convidado para participar do II Congresso dos Escritores em Defesa da Cultura. Um dia, o poeta mexicano devia ler seu poema "Não passarão!", dedicado à memória de Juan Bosch, que havia iniciado Paz no marxismo e que se acreditava ter sido morto em combate. Estavam em um teatro de Barcelona e Elena viu na primeira fila um jovem "de pele avermelhada, expressão angustiada e suéter muito velho". Quando Paz também o viu, alterou sua fisionomia e, só após alguns instantes, prosseguiu na leitura do poema, sem pronunciar o nome de Bosch, "o camarada morto no ardente amanhecer do mundo". Elena Garro conta como Bosch seguiu-os depois até o Hotel Majestic e, escondido atrás de grossas cortinas, deu um jeito para dizer que era do POUM e que estava sendo caçado: "Mataram todos os meus companheiros..." O alvoroço que aquele encontro provocou em Octavio Paz persistiu durante o resto de sua permanência na Espanha e, anos mais tarde, ele se recriminaria por não ter erguido a voz contra essa situação. Como recorda Guillermo Sheridan ("Un no en Valencia"), Paz teve oportunidade de fazê-lo durante as sessões de debate do congresso. O poeta José Bergamín atuava nelas como porta-voz das delegações espanhola e latino-americana e, em nome de Paz e de todos os demais, condenou em público toda dissidência, apesar de vários delegados terem se abstido ou manifestado oposição nas reuniões prévias. Paz não falou então para contradizer esse Bergamín convertido em "procurador do tribunal do inferno" e isso foi algo que nunca chegaria a perdoar a si mesmo: "Contribuímos para a petrificação da revolução, por calar." De sua parte, o barcelonês Carles Fontserè, autor de alguns cartazes do POUM e da FAI, conta em *Memòries d'un cartellista català* como a casualidade salvou-o de morrer fuzilado, depois que André Marty o condenou à morte por uma falsa acusação de espionagem. O informe sobre George e Eileen Orwell para o Tribunal Especial de Espionagem e Alta Traição aparece reproduzido no livro *Orwell en España.*

Dos escritores com os quais... Não é demais dizer que o livro de Barea foi considerado extraordinário pelo próprio George Orwell, no artigo que lhe dedicou no *Observer*, em março de 1946.

Em torno de Barea... Carta de julho de 1939 de Dos Passos a Dwight Macdonald, em *The Fourteenth Chronicle.*

A repressão aos... Wilebaldo Solano e Llibert Ferri: *Diàlegs a Barcelona.*

Bibliografia

(Nos casos em que existe, cita-se a tradução em português.)

ABRAMSON, Paulina e Adelina. *Mosaico roto*. Compañia Literaria. Madri, 1994.

AGRAMUNT, Francisco. "La memoria oscura de las checas", em *Historia 16*, número 313. Madri, maio de 2002.

ALBA, Víctor: *Sísif i el seu temps*. Laertes. Barcelona, 1990.

ÁLVAREZ DEL VAYO, Julio. *La guerra empezó en España*. Séneca. México D.F., 1940.

ANDRADE, Juan. *Recuerdos personales*. Prólogos de María Teresa García Banús e Pelai Pagès. Ediciones del Serbal. Barcelona, 1983.

——. *Notas sobre la guerra civil. Actuación del POUM*. Ediciones Libertarias. Madri, 1986.

AUB, Max. *Campo abierto* [1951]. Suma de Letras. Madri, 2003.

——. *Campo de los almendros* [1968]. Alfaguara. Madri, 1981.

AYALA, Francisco. *Recuerdos y olvidos*. Alianza. Madri, 1982.

AZCÁRATE, Manuel. *Derrotas y esperanzas. La República, la Guerra Civil y la Resistencia*. Tusquets. Barcelona, 1994.

AZNAR SOLER, Manuel, e SCHNEIDER, Luis Mario (orgs.): *II Congreso Internacional de Escritores para la Defensa de la Cultura (1937)*. Generalitat Valenciana. Valência, 1987.

AZNAR SOLER, Manuel, e outros. *València capital cultural de la República (1936-1937). Antologia de textos i documents*. Generalitat Valenciana. Valência, 1986.

BAGGIO, Héctor. *John Dos Passos: Rocinante pierde el camino*. Altalena. Madri, 1978.

BAREA, Arturo. *La forja de un rebelde* [1944]. Turner. Madri, 1977.

——. *Palabras recobradas. Textos inéditos.* Edição de Nigel Townson. Debate. Madri, 2000.

BLASCO, Ricard. "Vida quotidiana", em catálogo da exposição *Valencia, capital de la República.* Prefeitura de Valência. Valência, 1986. pp. 15-25.

BONAMUSA, Francesc. *Andreu Nin y el movimiento comunista en España (1930-1937).* Anagrama. Barcelona, 1977.

BONET, Juan Manuel. *Diccionario de las vanguardias en España.* Alianza. Madri, 1998.

——. "El surrealista errante. (Conversación com Eugenio F. Granell)", em *Syntaxis,* número 16-17. Santa Cruz de Tenerife, inverno-primavera de 1988, pp. 135-158.

BRONCANO RODRÍGUEZ, Manuel. "José Robles Pazos: primer traductor de Dos Passos y Lewis", em *Livius. Revista de Estudios de Traducción,* número 2. León, 1992, pp. 233-242.

CANSINOS-ASSENS, Rafael. *La novela de un literato.* Alianza. Madri, 1996.

CARR, Virginia Spencer. *Dos Passos. A Life.* Doubleday & Company. Nova York, 1984.

CASANOVA, Julián. *La Iglesia de Franco.* Temas de Hoy. Madri, 2001.

CASTRO DELGADO, Enrique. *Hombres made in Moscú.* Luis de Caralt. Barcelona, 1963.

Causa General. La dominación roja en España. Prólogo de Eduardo Aunós. Ministerio de Justiça. Madri, 1944.

COINDREAU, Maurice-Edgar. *Mémoires d'un traducteur. Entretiens avec Christian Giudicelli.* Prólogo de Michel Gresset. Gallimard. Paris, 1974.

COSTELLO, John, e TSAREV, Oleg. *Deadly Illusions.* Crown Publishers, Inc. Nova York, 1993.

COY, Juan José. "El compromiso ético en la literatura norteamericana", em *Suplementos Anthropos,* número 10, fevereiro de 1989, pp. 65-69.

DOS PASSOS, John. *Rocinante vuelve al camino.* Tradução de Márgara Villegas. Cenit. Madri, 1930.

——. *Manhattan Transfer.* Prólogo e tradução de José Robles Pazos. Cenit. Madri, 1930.

——. *Aventuras de un joven.* Tradução de José María Claramunda Bes. Em *Obras completas, III. Novelas y viajes*, pp. 19-337. Planeta. Barcelona, 1962.

——. *En todos los países.* Tradução de Jesús Pascual. Em *Obras completas, III. Novelas y viajes*, pp. 1269-1453. Planeta. Barcelona, 1962.

——. *Un lugar en la tierra* [1951]. Tradução de Juan G. de Luaces. Em *Obras completas, II. Novelas*, pp. 9-516. Planeta. Barcelona, 1957.

——. *De brillante porvenir* [1954]. Tradução de Carlos Peralta. Emecé. Buenos Aires, 1956.

——. *The Theme Is Freedom.* Dodd, Mead & Co. Nova York, 1956.

——. *Años inolvidables* [1966]. Tradução de José Luis López Muñoz. Alianza, 1974.

——. *Journeys Between Wars.* Constable & Company, Ltd. Londres, 1938.

——. *La guerra civil española.* Prólogo de Stanley Weintraub. Tradução de Irene Geiss. La Salamandra. Buenos Aires, 1976.

——. *The Fourteenth Chronicle. Letters and Diaries of John Dos Passos.* Edição de Townsend Ludington. Gambit. Boston, 1973.

——. *Century's Ebb.* Gambit. Boston, 1975.

EHRENBURG, Ilya. *Gentes, años, vida. Memorias, 1921-1941.* Introdução de Víctor Alba. Tradução de Josep Maria Güel. Planeta. Barcelona, 1986.

ELORZA, Antonio, e BIZCARRONDO, Marta. *Queridos camaradas. La Internacional Comunista y España, 1919-1939.* Planeta. Barcelona, 1999.

ESTELLA, Gumersindo de. *Fusilados en Zaragoza, 1936-1939. Tres años de asistencia espiritual a los reos.* Mira Editores. Saragoça, 2003.

FERRI, Llibert. "'Nikolai': claror, ombra i penombra", em *L'Avenç*, número 166. Barcelona, janeiro de 1993, pp. 34-37.

FISCHER, Louis. *Men and Politics.* Duell, Sloan & Pearce. Nova York, 1941.

FONTSERÈ, Carles. *Memòries d'un cartellista català (1931-1939).* Pòrtic. Barcelona, 1995.

FURET, François. *El pasado de una ilusión. Ensayo sobre la idea comunista en el siglo XX.* Tradução de Mónica Utrilla. Fondo de Cultura Económica. Madri, 1995.

GARCÍA-ALIX, Carlos. *Madrid-Moscú. El cuento de nunca acabar.* T Ediciones. Madri, 2003.

GARRO, Elena. *Memorias de España, 1937.* Siglo XXI Editores. México D.F., 1992.

GAZUR, Edward P. *Secret Assignment: The FBI's KGB General.* St Ermin's Press. Londres, 2001.

GORKIN, Julián (org.). *10 novelistas americanos.* Zeus. Madri, 1932.

GORKIN, Julián: *La muerte en las manos. Novela del drama de España.* Prólogo de John Dos Passos. Claridad. Buenos Aires, 1956.

——. *El proceso de Moscú en Barcelona. El sacrificio de Andrés Nin.* Aymá. Barcelona, 1974.

——. *El revolucionario profesional. Testimonio de un hombre de acción.* Aymá. Barcelona, 1975.

GRANELL, Eugenio F. *Ensayos, encuentros e invenciones.* Huerga & Fierro. Madri, 1998.

GUZMÁN, Eduardo de. *Nosotros, los asesinos.* G. del Toro. Madri, 1976.

HEMINGWAY, Ernest. *La guerra de España.* Prólogos de Stanley Weintraub e Aldo Garosci. Tradução de Carlos María Gutiérrez e Mario Schijman. Proceso Ediciones. Buenos Aires, 1973.

——. *Cuentos de guerra.* Tradução de Félix della Paolera. Bruguera. Barcelona, 1980.

——. *Ter e não ter*. Tradução de Ênio Silveira. Civilização Brasileira. Rio de Janeiro, 1994.

——. *A quinta coluna.* Tradução de Luís Peazê. Bertrand Brasil. Rio de Janeiro, 2000.

——. *Por quem os sinos dobram.* Tradução de Lola de Aguado. Planeta. Barcelona, 1997.

——. *Paris é uma festa.* Tradução de Ênio Silveira. Bertrand Brasil. Rio de Janeiro, 2000.

HERBST, Josephine. *The Starched Blue Sky of Spain and Other Memoirs.* Prólogo de Elizabeth Francis. Northeastern University Press. Boston, 1999.

HIDALGO DE CISNEROS, Ignacio. *Cambio de rumbo* [1964]. Ikusager Ediciones. Vitoria, 2001.

HITCHENS, Christopher. *La victoria de Orwell.* Tradução de Eduardo Hojman. Emecé. Barcelona, 2003.

HOBSBAWM, Eric. *Tempos interessantes. Uma vida no século XX.* Tradução de S. Duarte. Companhia das Letras. São Paulo, 2002.

IGLESIAS, Ignacio. *León Trotski y España (1930-1939).* Júcar. Madri, 1977.

IVENS, Joris. *The Camera and I.* International Publishers. Nova York, 1969.

KOCH, Stephen. *El fin de la inocencia. Willi Münzenberg y la seducción de los intelectuales.* Tradução de Marcelo Covián. Tusquets. Barcelona, 1997.

KOESTLER, Artur. *Autobiografía.* Tradução de J. R. Wilcock e Alberto Luis Bixio. Debate. Madri, 2000.

KOLTSOV, Mikhail. *Diario de la guerra española.* Tradução de José Fernández Sánchez. Akal Editor. Madri, 1978.

KOWALSKY, Daniel. *La Unión Soviética y la guerra civil española. Una revisión crítica.* Prólogo de Stanley G. Payne. Tradução de Teófilo de Lozoya e Juan Rabasseda-Gascón. Editorial Crítica. Barcelona, 2004.

LAFOZ, Herminio. "Prisionero en San Juan de Mozarrifar", em *Trébede,* número 74. Saragoça, abril de 2003, pp. 45-47.

LANGER, Elinor. *Josephine Herbst.* Little, Brown & Co. Boston-Toronto, 1984.

——. "The Secret Drawer", em *The Nation.* Nova York, 30 de maio de 1994, pp. 752-757.

LEÓN, María Teresa: *Memoria de la melancolía* [1970]. Bruguera. Barcelona, 1982.

LEWIS, Sinclair. *Babbitt.* Prólogo e tradução de José Robles Pazos. Cenit. Madri, 1931.

LÓPEZ SOBRADO, Esther. "Luis Quintanilla. Entre Santander y París", em *Revista de Santander,* número 61, outubro-dezembro de 1990, pp. 37-43.

——. "El pintor Luis Quintanilla, espía en la Embajada", em *Pluma y pincel,* número 9. Santander, 2002.

LUDINGTON, Townsend. *John Dos Passos. A Twentieth-Century Odyssey.* Carroll & Graff Publishers, Inc. Nova York, 1998.

MACHADO, Antonio. *La Guerra. Escritos: 1936-39.* Edición de Julio Rodríguez Puértolas e Gerardo Pérez Herrero. Emiliano Escolar Editor. Madri, 1983.

MARTÍN GARCÍA, Eutimio. "El turismo penitenciario franquista", em *Historia 16*, número 236. Madri, março de 1996, pp. 19-25.

MARTÍNEZ DE PISÓN, Ignacio. "El periplo de Lydia Kúper", no suplemento *Culturas* do periódico *La Vanguardia.* Barcelona, 4 de fevereiro de 2004.

MARTÍNEZ AMUTIO, Justo. *Chantaje a un pueblo.* G. del Toro. Madri, 1974.

MEYERS, Jeffrey. *Edmund Wilson: Uma biografia.* Rio de Janeiro, Civilização Brasileira, 1995.

——. *Orwell, la conciencia de una generación.* Tradução de María Dulcinea Otero. Javier Vergara Editor. Barcelona, 2002.

MITCHELL, David. *The Spanish Civil War (Based on Television Series).* Granada. Londres, 1982.

MONTES, Catalina. *La visión de España en la obra de John Dos Passos.* Ediciones Almar. Salamanca, 1980.

MORA, Constancia de la. *Doble esplendor* [1939]. Editorial Crítica. Barcelona, 1977.

MORENO VILLA, José. *Vida en claro. Autobiografía.* El Colegio de México. México D.F., 1944.

NEPOMUCENO, Eric. *Hemingway: Madrid no era una fiesta.* Altalena. Madri, 1978.

NOTHOMB, Paul. *Malraux en España.* Prólogo de Jorge Semprún. Tradução de José Carlos Cataño. Edhasa. Barcelona, 2001.

OAK, Liston M. "Behind Barcelona Barricades", em *The New Statesman and Nation*, Londres, 15 de maio de 1937, pp. 801-802.

ORTIZ, Mauricio. *Del cuerpo.* Prólogo de Antonio Tabucchi. Tusquets Editores México, México D.F., 2001.

ORWELL, George. *Orwell en España. "Homenaje a Cataluña" y otros escritos sobre la guerra civil española.* Edição de Peter Davison. Prólogo de Miquel Berga. Tradução de Antonio Prometeo Moya. Tusquets. Barcelona, 2003.

PÀMIES, Teresa. *Quan érem capitans*. Proa. Barcelona, 1984.

PARSHINA, Elizaveta. *La brigadista. Diario de una dinamitera de la Guerra Civil.* Tradução de Dimitri Fernández Bobrovski. La Esfera. Madri, 2002.

PAYNE, Stanley G. *Unión Soviética, comunismo y revolución en España (1931-1939).* Tradução de Francisco J. Ramos. Plaza & Janés. Barcelona, 2003.

PENALVA, Gonzalo. *Tras las huellas de un fantasma. Aproximación a la vida y obra de José Bergamín.* Turner. Madri, 1985.

PIVANO, Fernanda: *Hemingway.* Tradução de Carmen Artal. Tusquets. Barcelona, 1986.

PLA, Josep. *Viatge a Rússia el 1925.* Em *Obras completas. Volume V.* Destino. Barcelona, 1967.

——. *Homenots. Segona sèrie.* Em *Obras completas. Volume XVI.* Destino. Barcelona, 1970.

PRADO, Benjamín. *A la sombra del ángel. 13 años con Alberti.* Aguilar. Madri, 2002.

QUINTANILLA, Luis. "*Pasatiempo*". *La vida de un pintor.* Edição de Esther López Sobrado. Ediciós do Castro. La Coruña, 2004.

QUINTANILLA, Paul. *Waiting at the Shore (Art, Revolution, War and Exile in the Life of the Spanish Artist Luis Quintanilla).* Lulu Press. Carolina do Norte, 2003.

RADOSH, Ronald; HABECK, Mary; e SEVOSTIANOV, Grigory (orgs.): *España traicionada. Stalin y la guerra civil.* Tradução de Juan Mari Madariaga. Planeta. Barcelona, 2002.

RAYFIELD, Donald. *Stalin y los verdugos.* Tradução de Amado Diéguez Rodríguez e Miguel Martínez-Lage. Taurus. Madri, 2003.

REYNOLDS, Michael. *Hemingway. The 1930s.* W. W. Norton & Company. Nova York, 1977.

——. *Hemingway: The Final Years.* W. W. Norton & Company. Nova York, 1999.

RIEGER, Max. *Espionaje en España.* Prólogo de José Bergamín. Ediciones Unidad. Madri, 1938.

ROBLES, José. Seção intitulada "Libros yankis", na *Gaceta Literaria*, números 8 (15 de abril de 1927), 11 (1º de junho de 1927), 18 (15 de setembro de 1927), 22 (15 de novembro de 1927) e 26 (15 de janeiro de 1928). Topos Verlag Ag. Vaduz — Liechtenstein, 1980, pp. 46, 64, 109, 132 e 162.

——. *Cartilla española.* F. S. Crofts & Co., Inc., 1935.

——. *Tertulias españolas.* Appleton-Century-Crofts, Inc., 1938.

RODRIGO, Javier. *Los campos de concentración franquistas. Entre la historia y la memoria.* Siete Mares. Madri, 2003.

RODRÍGUEZ ESPINOSA, Marcos. "Rusos blancos, bolcheviques, mencheviques y trotskistas en la historia de la traducción en España", em GARCÍA PEINADO, M. A. e ORTEGA ARJONILLA, E. *Panorama actual de la investigación en traducción e interpretación*, vol. II, pp. 65-73. Atrio Editorial. Granada, 2002.

ROJAS, Carlos. *Por qué perdimos la guerra.* Ediciones Nauta, Barcelona, 1971.

RUBIO CABEZA, Manuel. *Diccionario de la guerra civil española.* Planeta. Barcelona, 1987.

RUFAT, Ramón. *En las prisiones de España* [1966]. Edição de José Ramón Villanueva Herrero. Fundación Bernardo Aladrén. Saragoça, 2003.

SALAZAR CHAPELA, Esteban. *En aquella Valencia.* Edição de Francisca Montiel Rayo. Biblioteca del Exilio. Sevilha, 2001.

SALINAS, Pedro e GUILLÉN, Jorge. *Correspondencia (1923-1951).* Edição de Andrés Soria Olmedo. Tusquets. Barcelona, 1992.

SÁNCHEZ, Germán. "El misterio Grigulevich", em *Historia 16*, número 233. Madri, setembro de 1995, pp. 115-122.

SÁNCHEZ BARBUDO, Antonio. *Ensayos y recuerdos.* Laia. Barcelona, 1980.

SANTONJA, Gonzalo. *La República de los libros. El nuevo libro popular de la II República.* Anthropos. Barcelona, 1989.

——. *Los signos de la noche. De la guerra al exilio. Historia peregrina del libro republicano entre España y México.* Castalia. Madri, 2003.

SENDER, Ramón J. *Casas Viejas.* Prólogo de Ignacio Martínez de Pisón. Prensas Universitarias de Saragoça. Saragoça, 2004.

——: *Álbum de radiografias secretas.* Destino. Barcelona, 1982.

SHERIDAN, Guillermo. "Un no en Valencia", em *Letras libres*, número 24. Madri, setembro de 2003, pp. 12-17.

SOLANO, Wilebaldo: *Vida, obra y muerte de Andreu Nin.* Vicente Álvarez Editor. Barcelona, 1977.

SOLANO, Wilebaldo e FERRI, Llibert. *Diàlegs a Barcelona.* Prefeitura de Barcelona. Barcelona, 1994.

SPENDER, Stephen. *Un mundo dentro del mundo.* Tradução de Ana Poljak. Muchnik. Barcelona, 1993.

STEPANOV, Stoyan Minev. *Las causas de la derrota de la República española.* Edição e tradução de Ángel L. Encinas Moral. Miraguano. Madri, 2003.

TODD, Olivier. *André Malraux. Una vida.* Tradução de Encarna Castejón. Tusquets. Barcelona, 2002.

TRAPIELLO, Andrés. *Las armas y las letras. Literatura y Guerra Civil (1936-1939).* Península. Barcelona, 2002.

VAILL, Amanda. *Everybody Was So Young. Gerald and Sara Murphy: A Lost Generation Love Story.* Broadway Books. Nova York, 1999.

WILSON, Edmund. *Letters on Literature and Politics. 1912-1972.* Edição de Elena Wilson. Prólogo de Daniel Aaron. Prefácio de Leon Edel. Farrar, Straus & Giroux. Nova York, 1977.

——. *The Thirties.* Edição de Leon Edel. Farrar, Straus & Giroux. Nova York, 1980.

ZUGAZAGOITIA, Julián. *Guerra y vicisitudes de los españoles.* Tusquets. Barcelona, 2001.

Outros documentos

José Robles Pazos Collection ["JRPC"], coleção de cartas e documentos custodiados pela Biblioteca Milton S. Eisenhower da Universidade Johns Hopkins (Baltimore).

The Papers of John Dos Passos ["PJDP"], depositados na Biblioteca Alderman da Universidade de Virginia.

Coleção de cartas de John Dos Passos a José Robles, propriedade da família Ortiz Robles ["OR"].

Procedimento sumaríssimo de urgência número 620/38 (Francisco Robles Villegas) do Tribunal Togado Militar Territorial número 32 (Saragoça).

Folha de serviços do general Ramón Robles Pazos (Arquivo Geral Militar, Segóvia).

Requerimentos manuscritos de José Robles Pazos depositados no Arquivo da Casa de Estudantes (Madri).

Declarações do Arquivo da Causa General (Arquivo Histórico Nacional, Madri).

Coleção de jornais da guerra civil do Centre d'Estudis Històrics Internacionals (Barcelona).

Coleção de jornais da Hemeroteca Municipal de Madri e da Biblioteca de Catalunha.

KURZE, Jan e MANGAN, Kate: *The Good Comrade* (memórias inéditas).

AZCÁRATE, Luis: memorias inéditas.

Agradecimentos

Quero dedicar este livro a Miggie Robles, sem cuja generosa colaboração teria sido diferente e, sem dúvida, pior.

Também a José Luis Melero e Félix Romeo, meus interlocutores habituais sempre, mas muito especialmente durante o tempo que levei para escrever este livro.

Há outras pessoas e instituições que ajudaram meu trabalho de documentação. Espero não estar deixando fora nenhum nome: Francisco Agramunt, Cristina Allott, Asunción Almuiña, Arquivo Geral da Guerra Civil Espanhola (Salamanca), Arquivo Geral Militar (Segóvia), Luis Azcárate, María José Belló, Biblioteca Alderman da Universidade de Virginia, Biblioteca da Catalunha, Biblioteca Milton S. Eisenhower da Universidade Johns Hopkins (Baltimore), Juan Manuel Bonet, Causa General (Arquivo Histórico Nacional, Madri), Ricardo Cayuela, Centre d'Estudis Històrics Internacionals (Barcelona), Carlos García-Alix, Fernando García-Mercadal, Fundação Andreu Nin, Hemeroteca Municipal de Madri, Tribunal Togado Militar número 32 (Saragoça), Charlotte Kurzke, Esther López Sobrado, Monica Martín, Anne McLean, Antoni Munné, Mauricio Ortiz, Mario Ortiz Robles, Javier Rodrigo, Germán Sánchez, Antonio Pérez Lasheras, Casa de Estudantes, Andrés Trapiello e Juan Villoro. A todos eles, muito obrigado.

A caricatura de Álvarez del Vayo e a foto de Dos Passos com Liston Oak são, respectivamente, obra de Maside e Agustí Centelles.

Os desenhos de José Robles foram extraídos de seu livro *Tertulias españolas*, exceto o que ilustrou sua resenha de *Manhattan Transfer* para *La Gaceta Literaria*. O título do quadro de Carlos García-Alix é *Los invisibles (María Cristina Bar)*.

Índice onomástico

Este livro foi composto na tipologia Minion,
em corpo 11/15, e impresso em papel
off-white 90g/m² na Prol Editora Gráfica Ltda.